Meine Nähmaschine und ich

Dolores Wally

Meine Nähmaschine und ich

Verlag Perlen-Reihe

Seit 2011 wird die Perlen-Reihe umweltfreundlich aus FSC-zertifiziertem Papier hergestellt, mit Pflanzenfarben gedruckt und klimaneutral produziert. FSC, Zert.-Nr. C012536, Klimaneutral drucken, 750 kg Kompensation CO_2

Druck | ID: 10944-1408-1001

FSC
www.fsc.org

MIX
Papier aus verantwortungsvollen Quellen
FSC® C012536

Impressum
Band 722, 1. Auflage
© Verlag Perlen-Reihe, Wien 2014
www.perlen-reihe.at
Alle Rechte vorbehalten

Umschlagkonzept: David Wagner
Umschlagillustration: Jan Philipp Schwarz, www.schwarzmalerei.com
Satz: Sheila Ehm
Lektorat: Mag. Stefanie Jaksch
Fachliche Beratung, Korrektorat: Nähcenter,
Vogelweidplatz 12, 1150 Wien, www.naehcenter.at
Fotos: Mirjam Reither, www.mirjam-reither.at. Ausgenommen S. 26, 30, 31, 56-61, 83, 94-101 von Katarina Lindbichler, www.lindbichlerfotografie.at
Druck und Bindung: Druckerei Theiss, St. Stefan im Lavanttal
Printed in Austria
ISBN 978-3-99006-036-0

Inhaltsverzeichnis

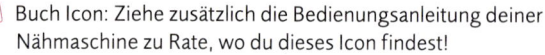 Buch Icon: Ziehe zusätzlich die Bedienungsanleitung deiner Nähmaschine zu Rate, wo du dieses Icon findest!

Vorwort

So. Nun hat es dich also erwischt. Du willst es wissen. Du willst mitreden können.

Bei den coolen DIY-Treffen. Bei den Nähblogs. Und überhaupt: Nähen ist „in".

Eine Entwicklung, die meiner Meinung nach ganz logisch ist: Während ich in der Modeschule war, habe ich genäht wie besessen. Unsere Modezeichenlehrerin war ein bisschen schräg – aber sie war diejenige, die uns von Lagerfeld und Chanel vorgeschwärmt, uns für Mode begeistert und uns die Bibel aller Modemagazine gezeigt hat: „Collezioni". Auch heute noch werden darin die Quintessenzen der großen Modeschauen in Mailand, Paris und New York gezeigt.

Und wir Modeschülerinnen damals konnten einfach gar nichts anderes tun, als die tollen Entwürfe nachzunähen. So mache ich das heute noch: Was ich tragen möchte und was mir gefällt, nähe ich – mit ein bisschen Herumprobieren – selbst.

Jetzt willst du selbst aktiv werden und das Näh-Universum ergründen. Das freut mich sehr und ich hoffe, ich schaffe es, dir die Scheu vor deiner Nähmaschine zu nehmen. Sollte sie doch einmal „zicken", stehe ich dir mit Rat und Tat beiseite, wie ihr eure Freundschaft ganz leicht erneuern könnt.

Ich wünsche dir viel Vergnügen,
Deine Dolores

Nähen – was ist das eigentlich?

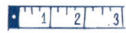

Definitionen gibt es für alles, so auch für das Nähen. Laut DIN-Norm wird Nähen definiert als „jener Vorgang, bei dem ein oder mehrere Fäden durch das Nähgut geführt werden, wobei die Fäden miteinander oder mit Nähgut verschlungen werden".

Klingt kompliziert? Ist es nicht, denn im Grunde geht es nur um die Verbindung von zwei Stoffen mit einem Faden. Per Hand hast du bestimmt schon einmal etwas genäht, und sei es ein Stickbild im Kindergarten. Dabei hast du eine Nadel in der Hand, durch deren Ör ein Faden gezogen wird. Im einfachsten Fall ziehst du den Faden durch Auf- und Abbewegungen der Nadel durch die Stoffbahnen und hältst sie so zusammen.

Kommt nun eine Nähmaschine ins Spiel, wird mit zwei Fäden, in diesem Fall mit Garnspulen, gearbeitet: Oben sitzt die Garnspule, die du gekauft hast, unten die selbst aufgespulte Unterspule.

Für die, die es ein bisschen genauer wissen möchten: Die Nähmaschinennaht kommt zustande, indem der Oberfaden mit der Nadel durch den Stoff nach unten gebracht wird und unterhalb der Stichplatte eine Schlaufe um den Spulenkorb bildet. Dieser bewegt sich im Takt zu den Auf- und Abbewegungen der Nähnadel und bildet dadurch mit dem Unterfaden eine Verschlingung. Läuft alles störungsfrei, liegt die Schlinge exakt in der Mitte zwischen den beiden Stoffschichten, die verbunden werden sollen, und ist daher nicht sichtbar. Und das ist schon das ganze Geheimnis.

Welche Maschine passt zu mir?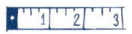

Nähern wir uns nun der ersten großen Frage: Gebrauchte oder neue Nähmaschine? Was sind die Vor- und Nachteile, worauf ist zu achten?

Das gebrauchte Modell

Ein Wohltäter in deiner Umgebung bietet dir eine etwas in die Jahre gekommene Nähmaschine an? Nicht nachdenken, zugreifen! Vertrau mir: Du hast gerade ein großes Schnäppchen gemacht.

Die Marke – ob Bernina, Singer oder Pfaff – ist dabei nicht wichtig. Üblicherweise waren die Maschinenkörper der älteren Modelle aus Metalldruckguss, das Innenleben der Maschinen ebenso aus Metall. Ein Blick hinein und dir ist sofort klar, warum Nähmaschinen oft aus hochspezialisierten Fabriken stammten: Feinmechanik ist das Wort der Stunde! Das hat zwei große Vorteile für dich:

Gewicht

Sicher denkst du jetzt: Niemand schleppt gerne zehn Kilogramm schwere Maschinen durch die Gegend. Damit hast du natürlich völlig recht. Aber spätestens, wenn du das erste Mal einen schweren Vorhang umnähst und versuchst viele Meter Stoff zwischen Schoß, Tisch und Nähmaschine zu bändigen, bist du heilfroh, wenn sich die Maschine nicht bei der kleinsten Erschütterung mitbewegt. Sie steht wie ein Fels in der Brandung und du brauchst dich nur um den Stoff zu kümmern.

Laufruhe, Genauigkeit – solche Eigenschaften gewährleisten unter hohen Belastungen nur Metallteile. Selbst wenn der Vorbesitzer deiner Maschine nur selten ein Pinselchen zur Hand genommen hat, um die Maschine zu reinigen und Öl ein Fremdwort war, kannst du die Maschine noch immer zerlegen (oder zerlegen lassen) – und mit ein wenig Staubsaugen, Ölen und Liebe hast du bald wieder ein schnurrendes Kätzchen.

Das neue Modell

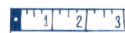

Auf eine vererbte Maschine können leider nur wenige hoffen. Daher heißt es nun, sich mit dem Neukauf auseinanderzusetzen. In diesem Fall gibt deine Geldbörse den Weg vor.

Natürlich gilt auch beim Neukauf alles, was ich oben gesagt habe. Nur: Eine Maschine, die heute noch völlig aus Metall gebaut wird, hat ihren Preis. Über 1.000 Euro sind leicht beisammen, und soviel möchtest du – vor allem zu Beginn – wohl kaum investieren.

Sehr verlockend sind im Gegensatz dazu die günstigen Angebote im Internet oder beim Discounter. Für weniger als 100 Euro kannst du oft schon eine Maschine haben. Warum also nicht zuschlagen?

Sieh es einmal so: Wenn nach dem Schnuppern die große Nähleidenschaft einsetzt, benötigst du ganz schnell ein besseres Modell – und gibst noch einmal Geld aus. Die günstige Maschine vom Discounter kannst du kaum weiter verkaufen. Erwirbst du aber ein gutes, solides Einsteigermodell und die Leidenschaft bleibt wider Erwarten aus, lässt sich so eine Maschine gut an den Mann oder die Frau bringen. Ein kulanter Nähmaschinenhändler nimmt sie möglicherweise auch in Kommission.

Außerdem: Je billiger die Maschine ist, desto schlechter ist häufig die Übersetzung von Fußpedal zu Maschine. Du tippst an, nichts passiert. Du trittst stärker auf das Pedal und die Maschine fährt los, als ginge es um ihr Leben. Am Anfang hast du aber genug damit zu tun, deine beiden Hände, Augen und den rechten Fuß zu koordinieren. Solch zusätzlicher Stress muss nicht sein. Die meisten Maschinen heutzutage können das langsame Nähen sowieso. Eine gute Einsteigermaschine mit Geschwindigkeitsregulator ist für rund 300 Euro zu haben.

Wenn du heutzutage eine Nähmaschine kaufst, wirst du vermutlich nur noch digitale Maschinen bekommen. Ob aber nun analog oder digital – das ist eine reine Frage der Bedienung und deiner Vorliebe. Beim Nähen selbst spielt es keine Rolle.

Etwas, das ich oft in den Anfänger-Nähkursen als ein wirklich prima Feature erlebt habe: Schildkröte und Hase! Der Schildkröten-Modus erlaubt dir die Maschine auf „langsam" zu stellen. Egal wie stark du auf das Fußpedal trittst, die Maschine bewegt sich ganz langsam und verhilft gerade zu Beginn zu Erfolgserlebnissen. Wenn du nach einer Weile schon fitter bist, arbeitest du einfach mit dem flinken Hasen.

Worauf achten beim Neukauf?

- Ist der Spulenkorb aus Metall? Sind zumindest Teile des Gehäuses aus Metall?

- Wie schwer ist die Maschine?

- Wie sieht es mit dem Geräuschpegel aus? Läuft die Maschine angenehm leise?

- Wie steht es um die Motorleistung – kann die Maschine mehrere Lagen Stoff problemlos nähen?

- Verfügt die Maschine über Funktionen wie einen zweiten Garnrollenhalter, Fadenabschneider und Knopflochautomatik?

- Ist die Aufbewahrung von Zubehör, Pedal und Kabeln gut?

- Gibt es eine Garantie auf die Maschine, und für wie lange?

- Ist es möglich, die Maschine zum Testen z. B. übers Wochenende mit nach Hause zu nehmen?

- Gibt es die Möglichkeit, die Maschine warten zu lassen?

Merke: Wenn nicht alles hundertprozentig stimmt, kannst du trotzdem Kompromisse machen.

Der Laden deines Vertrauens vs. Online-Kauf

Da wären wir dann auch gleich bei der Frage, wo du deine Nähmaschine erwerben willst: im Fachgeschäft oder im Internet? Du wirst meine Antwort schon erahnen.

Das Fachgeschäft hat einige Vorteile:

- Du kannst in Ruhe zur Probe nähen.
- Du bekommst eine kompetente Einschulung und gute Beratung, an deine Bedürfnisse angepasst.
- Du kannst deine Maschine zur Wartung bringen, wenn sie nicht so will wie du bzw. Störungen hat.
- Du kaufst dort nur die besten Nadeln. Garne und vieles weitere Zubehör, das zu deiner Maschine passt, gibt es dort natürlich auch.

Aber ich kenne auch die Nachteile: Bei manchen Nähmaschinenhändlern fühlst du dich vielleicht ein bisschen verloren. So genau weißt du ja oft noch nicht, was du genau willst – eine Nähmaschine soll es eben sein.

Vielleicht wohnst du auch in einem sogenannten „weißen Fleck" auf der Nähmaschinenhändlerlandkarte. Du hast deine Maschine also vom Discounter oder aus dem Internet. Jedenfalls hast du nun eine Schachtel vor dir, eine Betriebsanleitung – und noch keine Ahnung, wie du die Maschine bändigst.

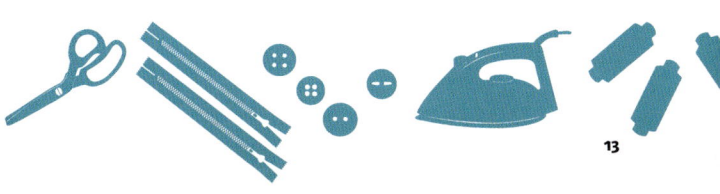

DIE THEORIE

Der perfekte Arbeitsplatz

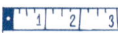

Es ist so weit, deine neue Mitbewohnerin steht vor dir. Doch wo stellst du sie am besten hin? Wie viel Platz brauchst du, was ist zu beachten, bevor du die Nähmaschine zum ersten Mal einschaltest?

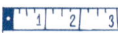

Der Arbeitstisch

Ein stabiler Tisch in durchschnittlicher Höhe (ca. 72 cm) sollte es sein. Ein wackliges Untergestell beim Nähen raubt dir jeden Spaß! Plane ein bisschen Platz mit ein: links für das Nähgut, rechts für Utensilien wie Stecknadeln, eine kleine Schere usw.

Nicht vergessen: eine Steckdose sollte in der Nähe sein. Zur Not hilft ein Verlängerungskabel.

Der Stuhl

Ein fest stehender Stuhl ist unabdinglich. Es kann auch ein Hocker sein, denn anlehnen wirst du dich beim Nähen nicht. Achte darauf, dass deine Unter- und Oberschenkel einen 90°-Winkel bilden. Dein Oberkörper sollte mit geradem Rücken etwas zur Maschine geneigt sein.

Platziere das Fußpedal so, dass du es gut und bequem mit einem Fuß erreichst.

Viele ziehen es beim Nähen vor, wenn der „Gasfuß" einen größeren Winkel zwischen Ober- und Unterschenkel bildet. Am Anfang ist es außerdem oft angenehmer, das Fußpedal ohne Schuhe zu bedienen. Probiere ruhig ein bisschen herum, was für dich am angenehmsten ist!

Beleuchtung

Achte darauf, dass du genug Licht von oben hast. Für das genaue Arbeiten an der Maschine hilft dir die eingebaute Maschinenlampe. Aber für Arbeiten wie z.B. das Zusammenstecken, Auflegen, Hinhalten von Stoffen ist eine große, helle Lampe über dem Tisch perfekt.

Und sonst so?

Wenn du jetzt noch genug Platz hast, um in der Nähe ein Bügelbrett aufzustellen, eine Steckdose für das Bügeleisen vorhanden ist und du eine gute Beleuchtung des Bügelplatzes hast, dann hast du deinen perfekten Nähplatz geschaffen!

Das Zubehör

Neben der Nähmaschine gibt es allerlei wichtige Helferlein, die dir gute Dienste leisen. Folgende Dinge solltest du – am besten in einem kleinen Karton, den du immer griffbereit hast – aufbewahren:

- Scheren
- Stecknadeln
- Sicherheitsnadeln
- Maßband, Lineal
- Handmaß
- Auftrenner
- Spulen

Scheren

Du brauchst Scheren. Mindestens zwei, besser noch drei. Nummer eins: Die Stoffschere. Mit ihr schneidest du niemals etwas anderes als Stoff. Papier ist der Tod jeder guten Stoffschere. Sie sollte groß sein und gut in der Hand liegen.

Außerdem brauchst du eine kleine scharfe Schere, z. B. für das Abschneiden von Fäden und eine Papierschere, mit der du deine Schnitte schneidest.

Stecknadeln

Sind für besseren Halt beim Nähen geradezu unerlässlich. Ob du ganz einfache aus Metall, mit runden Köpfen oder aus Plastik vorziehst, liegt ganz bei dir.

Sicherheitsnadeln

sind nützliche Helfer, die du z. B. beim Einziehen von Gummibändern brauchst.

Maßband, Lineal

Ein Maßband oder Lineal ist für die ein oder andere kleinere Arbeit hilfreich.

Handmaß

Eine Art Plastiklineal, das z. B. beim Umbügeln von Säumen sehr von Nutzen ist. Aber Vorsicht: nicht darüber bügeln!

Auftrenner

Dieses handliche Werkzeug zum Auftrennen von unschönen Nähten ist inzwischen bei den meisten Nähmaschinen dabei, aber auch im Fachhandel erhältlich.

Spulen

Ein paar Spulen sind meist der Maschine beigelegt. Sie werden in den Spulenkorb eingesetzt und liefern beim Nähen den Unterfaden.

Apropos Spulen: Da du fast immer mehrere benötigen wirst, ist es schlau, ein paar zusätzliche Spulen zu kaufen.

DIE BESTANDTEILE DEINER NÄHMASCHINE

Oberfadenspannung **4**

Fadenheber **5**

7 Rücknäh-taste

Nähfuß & Transporteur **8**

Stich-platte

10

9 Spulenkorb

11 Freiarm, Zubehörfach

Hier siehst du die wichtigsten Bestandteile einer Nähmaschine und wo sie sich befinden. Je nach Modell können die Positionen

2 Garnrollenstift, Fadenhalter

...denspannungsregler

Anniversary

innov·is
10

1 Handrad

...eschwindig-
...eitsregler

3 Stichart
Stichlänge
Stichbreite

etwas variieren – konsultiere daher unbedingt auch die deiner
Maschine beigelegte Gebrauchsanweisung!

❶ Handrad

Befindet sich meist rechts an der Maschine. Wenn du daran drehst, bewegt sich die Nadel auf und ab. Am Anfang jeder Naht steuerst du die ersten Stiche mit dem Schwungrad, bevor dein Fuß am Gaspedal das Kommando übernimmt.

❷ Garnrollenstift, Fadenrollenhalter

Hier setzt du den gekauften Nähfaden ein, der beim Nähen den Oberfaden liefert. Der Fadenrollenhalter hält die Spule an ihrem Platz.

❸ Stichart, Stichlänge, Stichbreite

Wenn du eine neue Maschine gekauft hast, stehen die Chancen gut, dass sie schon ein digitales Display besitzt, an dem du mit Hilfe von Tasten durch das Sticharten-angebot navigierst.

Bei anderen Modellen findest du ein großes Drehrad an der Maschine, an dem du die Stichart einstellen kannst: Gerad-, Zickzack-, Knopfloch- oder Zierstiche.

Mit einem anderen Knopf oder Schieber regulierst du die Stichlänge von sehr klein, was du bei Knopflöchern brauchst, bis sehr groß, was z. B. beim Einreihen zum Einsatz kommt.

Auch die Stichbreite kannst du je nach Bedarf verändern:

Der Zickzackstich und viele Zierstiche werden über eine gewisse Breite gebildet. Schmal eingestellter Zickzackstich ist beim Knopfloch zu sehen, sehr breites Zickzack brauchst du zum Versäubern. Auch viele Zierstiche wollen die volle Breite.

❹ Oberfadenspannung

Zwei kleine Metallscheiben, die mit einer Feder zusammengepresst werden. Zwischen den beiden Metallscheiben läuft der Faden von der Garnrolle aus durch. Bei manchen Maschinen sieht man diese Einheit gar nicht mehr.

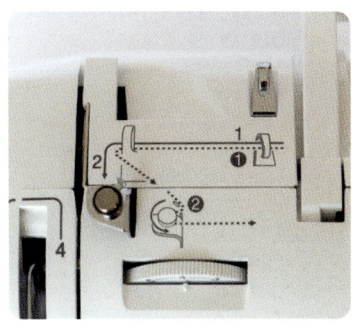

❺ Fadenheber

Eine Art Hebel, der im Takt den Faden von der Spule abwickelt und nach unten zur Nadel befördert.

❻ Fadenspannungsregler

Ab und an kann es vorkommen, dass die Fadenspannung reguliert werden muss. Von Haus aus ist sie aber auf eine Standardeinstellung eingestellt, die dich sicher durch die meisten Nähprojekte begleiten wird.

❼ Rücknähtaste

Findet sich inzwischen an allen neuen Nähmaschinen. Betätigt man sie, wird der Stoff vom Transporteur in die entgegengesetzte Richtung geschoben und zum Vernähen am Beginn und Ende einer Naht genutzt.

❽ Nähfuß und Transporteur

Den Nähfuß gibt es in verschiedenen Ausführungen. Er drückt den Stoff während des Nähvorgangs nach unten, sobald die Nadel ansetzt. Der Transporteur, bestehend aus zwei kleinen sägezahnartigen Raupen unten in der Stichplatte, schiebt den Stoff weiter.

❾ Spulenkorb

Sitzt unterhalb der Nadel in der Nähmaschine und ist Heimat für die kleine Spule des Unterfadens. Die gängigen Nähmaschinen haben zwei unterschiedliche Systeme:

System 1: Die Unterspule liegt waagerecht im Spulenkorb, du kannst von oben auf sie zugreifen.

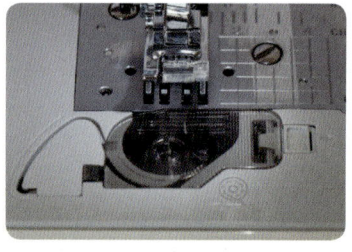

System 2: Die Unterspule sitzt senkrecht im Spulenkorb. Du greifst also seitlich auf sie zu.

⑩ Stichplatte

In der Platte unter dem Nähfuß finden sich ein Loch, durch das die Nadel stößt und Markierungen, die dir helfen, Abstände zwischen Nähten einzuhalten. Bei Maschinen, bei denen die Spule von oben eingesetzt wird, kannst du die Stichplatte entfernen.

⑪ Freiarm, Zubehörfach

Beide können für mehr Platz zur Seite gegeben werden. Entfernt man sie, ist z. B. das Nähen von Ärmeln oder anderen sehr engen Stellen möglich. Damit du an den Spulenkorb kommst, öffnest du eine kleine Klappe am Freiarm.

Fußpedal

Hier heißt es: Gas geben mit Gefühl – die Analogie zum Autofahren kommt nicht von ungefähr. Du regelst die Nähgeschwindigkeit mit deinem Fuß.

Nicht verzagen, wenn sich das nicht gleich völlig natürlich anfühlt. Bald schon hast du ein gutes Gespür dafür, wie sehr du das Pedal für bestimmte Aufgaben oder Geschwindigkeiten drücken musst.

Das Zubehör

Bei deiner neuen Maschine wirst du einiges an Zubehör finden. Oft sind das ein paar leere Spulen, verschiedene Nadeln sowie unterschiedliche Nähfüße. Je nach Modell variiert der Umfang des Zubehörs. Fehlende Komponenten kannst du jederzeit im Fachhandel erwerben.

Kleine Nadelkunde

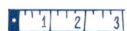

Ohne Nadeln geht bei einer Nähmaschine logischerweise gar nichts. Daher ist es an der Zeit, dass wir uns dieses zarte Gebilde einmal genauer anschauen.

Aufbau einer Nadel

Der Kolben ist bei den meisten Nadeln hinten abgeflacht – dadurch ist es kaum möglich, sie falsch einzusetzen. Vom Durchmesser des Schafts hängt die Größe der jeweiligen Nadel ab. An der Vorderseite der Nadel läuft die Fadenrinne entlang, in der der Faden an der Nadel entlang nach unten geleitet wird.

Auf der Rückseite befindet sich eine Art Kerbe, die Hohlkehle, an der der Untergreifer vorbeifahren kann, um die beim Nähen notwendige Schlaufe zu bilden. Durch das Nadelör wird der Faden gefädelt, die Spitze wiederum durchsticht den Stoff.

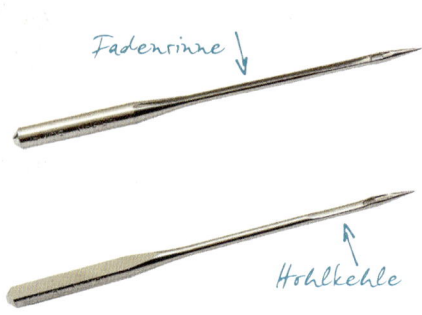

Fadenrinne

Hohlkehle

Die Nadelstärke

Nadeln gibt es in vielen Größen. 60 ist die kleinste Stärke, also die dünnste Nadel für feine Seidenstoffe. Die 100er Nadel nimmst du für sehr dicke Materialen, wie zum Beispiel beim Nähen einer Tasche, bei der die Nadel durch viele Stofflagen dringt. Ich habe immer Nadeln in den Stärken 75 und 80 zuhause, die kannst du für fast alles benutzen.

Alle Nadeln für Haushaltsmaschinen passen bei allen Maschinentypen. Eingefädelt werden die meisten Nadeln von vorne nach hinten!

Die wichtigsten Nadeltypen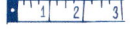

Die Universalnadel

Die klassische Nadel, die für alle gängigsten Näharten und auch bei den meisten Stoffarten zum Einsatz kommt. Erhältlich ist die Universalnadel in allen Stärken.

Die Jerseynadel

Mit abgerundeter, sogenannter Kugelspitze. Diese Nadel benutzt du beim Verarbeiten von dehnbaren Stoffen, meist Jerseys. Mit der abgerundeten Spitze kann die Nadel den Faden des Strickgewebes nicht zerstechen, denn der Faden wird nur zur Seite geschoben und bleibt so intakt, die Nadel selbst dringt in die Zwischenräume des Stoffs ein.

Die Ledernadel

Diese Nadeln stechen nicht so sehr, sie schneiden vielmehr. Wie schon der Name sagt, benutzt du sie für Leder und Wildleder.

Jeansnadel

Sie ist besonders bruchfest durch einen verstärkten Schaft und eine extrem spitze Spitze. Diese Nadeln durchstoßen mühelos festere Stoffe wie eben z. B. Jeans.

Die Top-Stitch-Nadel

Diese Nadeln verfügen über ein größeres Ör und eine größere Fadenrille als andere Nadeln. Sie eignen sich daher sehr gut für dickeres Knopflochgarn oder Ziergarn.

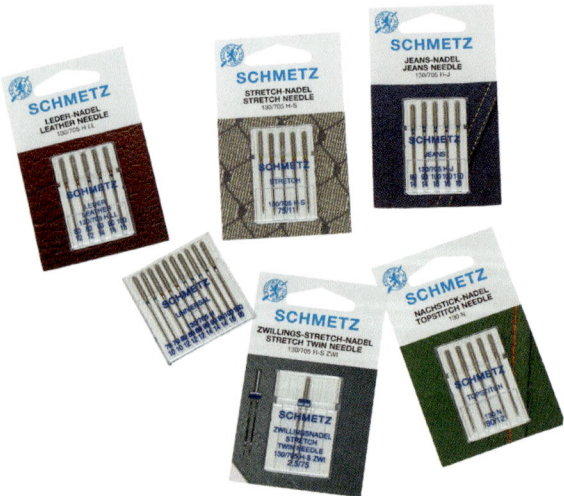

Nadel einsetzen oder tauschen

Um loszulegen, muss erst einmal die Nadel eingesetzt werden; auch kann sie im Eifer des Gefechts abbrechen, denn auch eine Nadel hat nur eine beschränkte Lebensdauer. Wenn du also bemerkst, dass sie langsam stumpf wird, heißt es: Nadel wechseln, denn sonst kann sie deinen Stoff beschädigen oder gar zerreißen! Das Einsetzen bzw. Wechseln der Nadel geht ganz einfach:

❚ Zunächst bringst du die Nadelstange mit dem Handrad in die höchste Position. Den Nähfuß gibst du mit dem Hebel nach unten. (1)

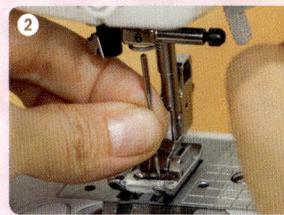

❚ Rechts des Nadelhalters findest du ein kleines Schräubchen. Dieses drehst du auf (im Normalfall zu dir her) und nimmst die beschädigte oder stumpfe Nadel nach unten aus dem Nadelhalter. (2)

❚ Jetzt einfach die Nadel mit der abgeflachten Seite nach hinten zeigend in die Nadelhalterung schieben. (3) Weiterschieben bis zum Anschlag des Schafts, dann das Schräubchen wieder zudrehen. Voilà, Nadel gewechselt! (4)

Die Nähfüße

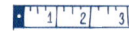

Einer der wichtigsten Bestandteile deiner Maschine ist der sogenannte Nähfuß. Die meisten Maschinen werden mit unterschiedlichen Füßchen geliefert. Hier findest du eine kurze Übersicht, was die gängigsten Füßchen können und wofür du sie brauchst.

Universal-/Standardfuß

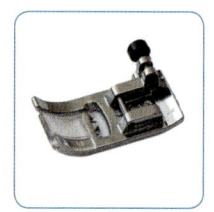

Dieses Füßchen wirst du am häufigsten verwenden, denn mit ihm zauberst du die gängigsten Stiche wie den Gerad-/Steppstich und den Zickzack-Stich. Du erkennst es an den beiden gleich breiten Schenkeln. In der Mitte gibt es eine Öffnung, durch die die Nadel sticht. Nicht wundern, Variationen können vorkommen: Mal ist ein Schenkelchen etwas länger, mal ist das Füßchen aus Kunststoff, mal aus Metall.

Reißverschluss-Fuß

Dieser Fuß hat nur einen Schenkel und eignet sich, wie der Name schon sagt, zum Anbringen von Reißverschlüssen, aber auch zum Einsetzen von Verzierungen u. ä. Dieser Fuß ist so eigenartig geformt, damit du so dicht wie möglich an den einzusetzenden Teilen nähen kannst. An manchen Reißverschluss-füßen ist der Schenkel verstellbar, so dass du ihn wahlweise links oder rechts von der Nadel positionieren kannst.

Knopfloch-Fuß

Dieses clevere kleine Helferchen leistet dir gute Dienste beim Knopflochnähen. Es sieht eigentlich bei allen Maschinen anders aus, vom Prinzip her ähneln sie sich aber: Er hat einen Rahmen mit Messskala, in dem sich die Nadel vor und zurück bewegen kann, während der Knopflochfuß auf seinem Platz bleibt.

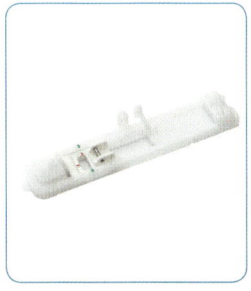

Spezialfüße

Neben den oben erwähnten gibt es jede Menge unterschiedlichster Füße für spezielle Aufgaben. Von B wie Blindstichfuß über K wie Kantenschneider bis hin zu S wie Schattennahtfuß reicht die Bandbreite. Jedoch wirst du feststellen, dass du für den Großteil deiner Projekte lediglich die drei oben genannten brauchen wirst.

Blindstichfuß

Kantenschneider

Schattennahtfuß

Präzisionsarbeit: Aufspulen und Einfädeln

Kommen wir nun zu zwei ganz besonders beliebten Themen: dem Aufspulen der Unterfaden-Spule und dem Einfädeln des Ober- und Unterfadens. Am Anfang vielleicht alles etwas verwirrend, aber ich verspreche: Nach ein paar Versuchen sitzt jeder Handgriff!

Aufspulen

Wie schon erwähnt, wird die Naht bei der Nähmaschine durch den Ober- und Unterfaden gebildet. Der Unterfaden kommt von der Unterspule, die im Spulenkorb sitzt. Sie wird kurz auch Spule genannt.

Anleitung 📖

⊕ Oben rechts auf der Maschine findest du einen kleinen, verschiebbaren Stift. Darauf wird nachher die Spule zum Aufspulen gesteckt.

⊕ Steck das Nähgarn auf den Garnrollenhalter (1) und fädle den Faden zunächst links in den Umlenkpunkt. (2)

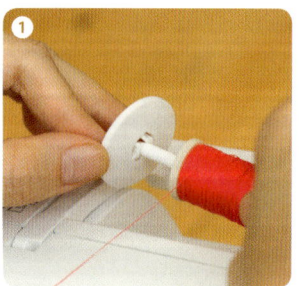

✪ Dann führst du ihn über Fadenführung (3) und Spannungsscheibe (4) zum Unterfadenspuler und setzt die Spule darauf. (5) Dann den Spuler nach rechts schieben. (6)

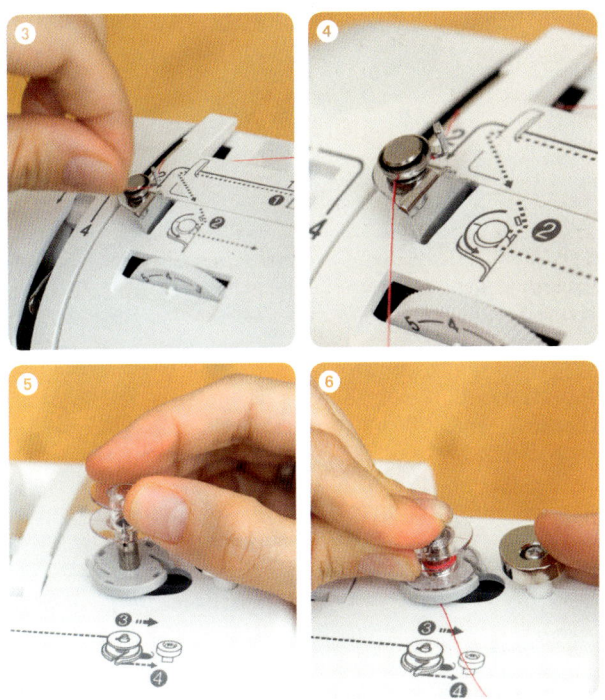

⊕ Bei älteren Maschinen kann es sein, dass du die ersten Um-
wicklungen noch mit der Hand machen musst. (7) Moderne
Maschinen haben eine Vorrichtung, um den Fadenanfang
zu fixieren.

⊕ Im Normalfall musst du jetzt noch die Nadeleinheit ent-
koppeln – das machst du am Handrad. Dadurch kann sich
die Nadel nicht auf und ab bewegen und wird geschont.

⊕ Steige langsam und mit Bedacht auf das Gaspedal. Die
Spule beginnt sich zu drehen, der Faden wird von der Garnrolle auf die Spule umge-
spult.

⊕ Bei modernen Maschinen
schaltet sich das System
automatisch ab, wenn die
Spule voll ist. (8)

Bei älteren Modellen hörst
du auf, wenn der Unterfa-

den auf der Spule die Breite der oberen und unteren Spulen-scheiben erreicht hat.

⊕ Du zwickst den Faden ungefähr beim linken Umlenk-punkt ab, schiebst die Unterspule in die Normalstellung zu-rück und aktivierst den Nadelheber.

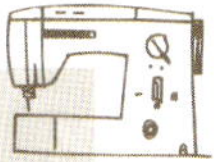

Wenn du an einem größeren Projekt arbeitest, ist es besonders schlau, gleich ein paar Spulen mit deinem Projektnähgarn aufzuspulen. Frei nach Murphy's Law geht der Unterfaden in letzter Minute oder bei einer sehr kom-plexen Arbeit aus. Da ist es ärgerlich, wenn du zusätzlich zur Unterbrechung auch noch die Unterspule aufspulen musst. Leider gibt es bei den verschiedenen Nähmaschinenher-stellern keine Standardspule, die bei allen passt. Schau also ganz genau, welches Modell welcher Marke du hast, damit die Spule nachher auch passt.

Einfädeln des Ober- und Unterfadens

Hin und her, hinauf und hinunter: Der Oberfaden 📄

Auch wenn jede Maschine ihre Eigenheiten hat, so gilt je-doch grundsätzlich:

⊕ Oben rechts an der Näh-maschine sitzt der Garn-rollenhalter, je nach Modell senkrecht oder waagrecht. Eine Zusatzscheibe hält die Garnrolle in Position. (1)

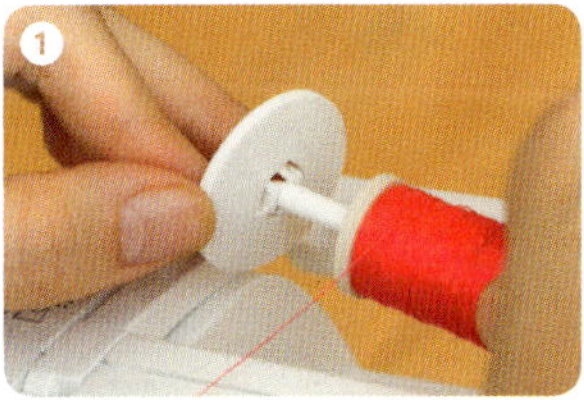

⊕ Dann wird der Faden nach links geführt, (2) durch die Fadenspannung (3) in den Fadenheber. (4)

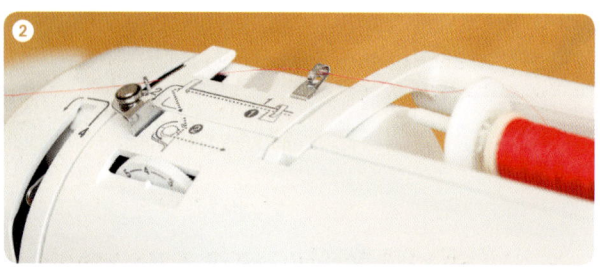

⊕ Von dort aus führst du den Faden nach unten zur Nadel. (5)

⊕ Vor dem Nadelöhr findest du meist noch eine Art Häkchen, wo der Faden eingehängt werden will, damit er ganz nah entlang des Nadelschafts läuft. (6)

⊕ Bei der Nadel selbst: Das Nähgarn von vorne nach hinten durch das Ör fädeln (7) und einige Zentimeter hinter der Nadel abschneiden. (8)

Variante mit Einfädel-Hilfe

⊕ Drücke den Einfädler mit der linken Hand nach unten. Den Faden hängst du von links nach rechts in das Häkchen des Einfädelelements ein. (1)

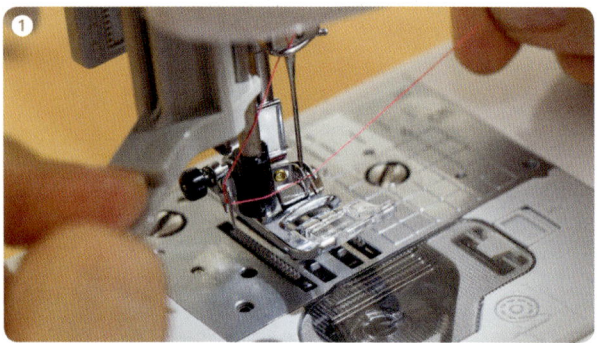

⊕ Dann den Einfädler mit Gefühl loslassen – dadurch wird der Faden durchs Ör gezogen. (2)

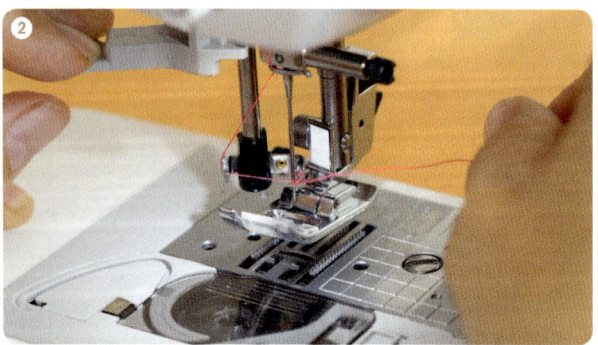

Unterfaden einfädeln 📖

Nimm nun deine aufgefädelte Unterspule und stecke sie in den Spulenkorb. Hierfür gibt es zwei Varianten:

Maschinen mit liegendem Spulenkorb:

🔘 Nadel mit dem Handrad ganz nach oben stellen, den Deckel wegschieben.

🔘 Spule so einlegen, dass sie sich gegen den Uhrzeigersinn dreht, wenn du am Fadenende ziehst. (1)

🔘 Den Faden den Markierungen nach einhaken und ca. 5 cm Faden hängen lassen. (2) Deckel wieder schließen.

Maschinen mit stehendem Spulenkorb:

⊕ Anschiebetischelement entfernen, Spulenkorb herausnehmen (1) und auch hier die Spule so einlegen, dass sie sich gegen den Uhrzeigersinn dreht. (2)

⊕ Faden durch die Überlappung an der Spulenkorbwand ziehen und ca. 10 cm hängen lassen. (3)

⊕ Spulenkorb wieder in die Maschine setzen. (4)
Der Spulenkorb hat einen kleinen Hebel. Dieser muss in einer bestimmten Stellung in die Maschine eingesetzt werden, bitte konsultiere dazu die Anleitung. 📖

Meist hörst du ein „Klick"-Geräusch, wenn der Spulenkorb einrastet. Ein paar Umdrehungen am Handrad zeigen dir, ob der Spulenkorb gut sitzt. Tut er das nicht, fällt er nämlich heraus.

Jetzt den Oberfaden mit der linken Hand sanft festhalten, die rechte Hand dreht am Handrad und sorgt so dafür, dass sich die Nadel ganz nach unten bewegt, der Oberfaden unten eine Schlinge um den Spulenkorb bildet und dadurch das Stückchen Unterfaden durch die Stichplatte hinauf befördert.

 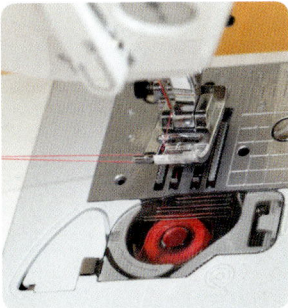

Für die Maschinen mit stehendem Spulenkorb:

Wenn alles passt, Klappe wieder zu, Anschiebetisch wieder in Normalposition.

Jetzt ist alles fertig für die erste Naht!

Gratulation!

EXKURS: GARNE UND STOFFE

Grundbegriffe Garn

Da wären wir auch schon beim ersten Begriff, bzw. der Richtigstellung – es ist Garn, womit genäht wird: Nähgarn. Früher gab es auch noch den Begriff Nähseide. Heute sind die meisten Nähgarne aus Polyester. Es ist haltbar, reißt nicht leicht und ist in vielen Farben erhältlich. Wenn man darauf besteht, kann man auch Baumwollnähgarn verwenden.

Grundbegriffe Stoff

Der ideale Stoff für deine ersten Näh-Gehversuche ist ein nicht zu dünner Baumwollstoff. Wenn du ihn genau anschaust, siehst du, dass er aus einer Art Netz von quer laufenden Fäden, dem Gewebe, besteht. Dieses wird gebildet aus Ketten und Schuss. So nennt man die Fäden am Webstuhl, auf dem der Stoff gewebt wird. Die Kettfäden werden in Längsrichtung gespannt, die Schussfäden quer dazu hin- und her geschossen.

Dabei wird jeder zweite Kettfaden angehoben – der Schussfaden schießt durch. Dann wird jeder erste Kettfaden angehoben. Der Schussfaden schießt wieder in die andere Richtung zurück.

Am Rand der Stoffbreite findest du die Webkante. Hier ist der Stoff etwas fester, meist kannst du kleine Löcher erkennen und der Stoff franst nicht aus. Die Webkante läuft in Stoffrichtung.

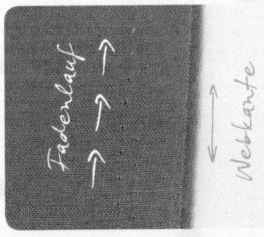

Wenn du Schnitte auflegst, wirst du auf fast allen einen langen Pfeil finden, der den Fadenlauf markiert. Fadenlauf bedeutet immer Kettfadenrichtung, also parallel zur Webkante.

Jeder Stoff hat eine rechte (schöne) und linke Seite. Bei gemusterten Stoffen ist das einfach zu erkennen – die rechte Seite ist die, auf der das Motiv aufgedruckt ist.
Bei manchen Stoffen wird die rechte und linke Seite durch die Webart definiert, wie z. B. Frottee: dort, wo die Schlingen sind, ist rechts. Oft kann auch ein Blick auf die kleinen Löcher am Rand helfen. Die Nadeln werden von links nach rechts durchgestoßen und hinterlassen dementsprechende Löcher.

AUF IN DIE PRAXIS!

Das Garn ist aufgespult, die Nadel eingesetzt, die Nähmaschine ist bereit. Und du kannst es gar nicht erwarten, zu starten. Dann ist es höchste Zeit, dich an einem der wichtigsten Stiche zu versuchen, mit dem du bei jedem Projekt arbeiten wirst: dem Gerad- oder Steppstich.

Das Probierstück

Du brauchst:
- Ein Stück Baumwollstoff
- 1 Rolle Garn
- Universalfuß
- Universalnadel

Am besten nimmst du für deine ersten Geh- bzw. Nähversuche ein Stück Stoff, das dir nicht allzu sehr am Herzen liegt, gerne etwas Einfarbiges und dazu ein kontrastfarbiges Garn. Der Stoff sollte ein einfacher, nicht zu dicker, nicht zu dünner Baumwollstoff sein. Diesen nimmst du doppelt, d. h. du faltest ihn zur Hälfte. (1)

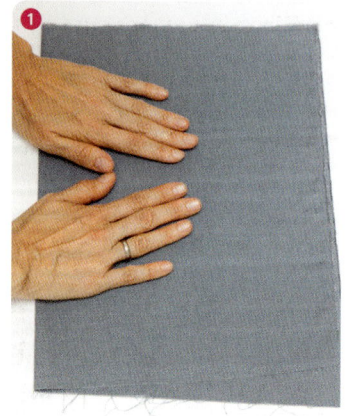

⊞ Lege dein Stoffstück unter den Nähfuß und senke die Nadel mit dem Handrad ab. (2) Wähle den Geradstich aus. Eine Stichlänge von 2,5 ist für den Anfang ideal. (3)

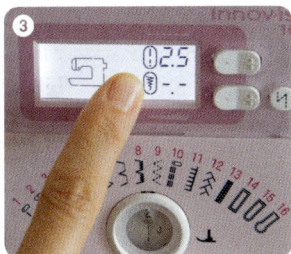

⊞ Probiere einfach ein bisschen herum, mal langsamer, mal schneller – und das Atmen dabei nicht vergessen. Hier geht es nur darum, dich mit deiner neuen Freundin bekannt zu machen. Die linke Hand liegt sanft auf dem Anschiebetisch, die rechte führt behutsam den Stoff. (4)

⊞ Wenn du genug getestet hast, einfach Nähfuß wieder heben. Doch eine wirklich gerade Naht will noch nicht so recht gelingen? (5) Kein Problem, das lösen wir im nächsten Schritt.

Der Gerad-/Steppstich

Du hast nun also schon ein erstes Gefühl für die Maschine bekommen. Dann kannst du dich jetzt an den Gerad- bzw. Steppstich wagen, der dich bei allen Näharbeiten begleiten wird!

Du brauchst:
- Ein Stück Baumwollstoff,
  ca. 50 + 50 cm
- 1 Rolle Garn
- Universalfuß
- Universalnadel
- Schneiderkreide, Markierstift o. ä.
- Lineal

Vorbereitung

⊕ Lege den Stoff Kante auf Kante und stecke ihn mit ein paar Stecknadeln zusammen.

⊕ Markiere dir gerade Linien in etwa 1 cm Abstand nebeneinander. (1) (2)

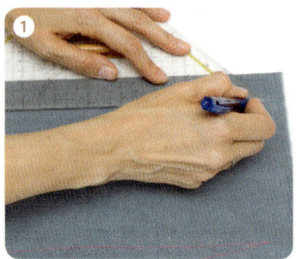

Anleitung

🔴 Um die Naht zu beginnen, senke mit dem Handrad die Nadel dort ab, wo die erste Linie beginnt. (3) Denke daran, die beiden Fäden mit der linken Hand festzuhalten!

🔴 Tritt nun vorsichtig auf das Pedal und folge der markierten Linie. Zur Orientierung: Achte darauf, dass die Linie mittig auf den Nähfuß zu läuft. (4)

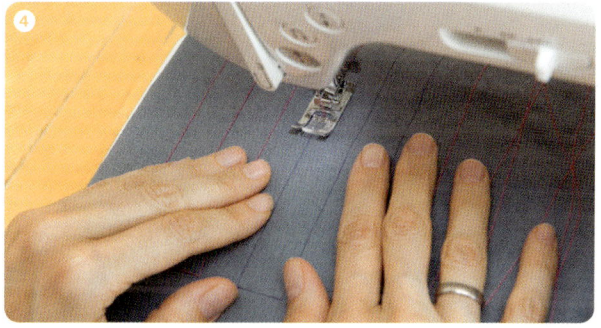

Wenn du dich damit schon sicher fühlst, nähst du nun entlang der Kante. Wenn du möchtest, kannst du dir natürlich auch hier eine Hilfslinie ziehen. Dann geht es füßchenbreit neben der gerade genähten Naht wieder zurück. Diese Technik nennt man auch „absteppen".

Wenn du eine Naht anfangen willst, bei der mehrere Stoffschichten zusammenkommen – du also ein ordentlich dickes
„Päckchen" hast – kann es sein, dass die Maschine muckt.
In so einem Fall empfiehlt es sich, aus einem Stoffrest ein
kleines Päckchen zu falten, das in der
Stärke deinem zu nähenden Stofflagen
entspricht.

Das legst du so unter den Nähfuß, dass der
Nähfuß zur Hälfte auf diesem Hilfspäck-
chen steht und zur Hälfte auf dem, was du
eigentlich nähen willst. Dann vorsichtig
aufs Gas und dein Projekt etwas nach-
schieben. Jetzt muss der Nähfuss nicht
„den steilen Hügel" rauf, den dein Projekt
für ihn darstellt, sondern steht quasi schon
oben. Die Maschine kann ohne Probleme
munter mit deiner Naht weitermachen!

EXKURS: Anzeichnen – aber womit?

Als meine kleine Tochter ihre ersten Nähversuche gestartet hat, habe ich ihr mit Kugelschreiber Linien aufgezeichnet. Natürlich verwendest du keinen Kugelschreiber für deine echten Nähprojekte, denn es gibt verschiedene Hilfsmittel, mit denen du deine Schnitte auf Stoff übertragen kannst.

Seife

Ein altes Stück Handseife, das schon flach ist, ist mein Lieblingsmarkierungswerkzeug. Es „schreibt" auf fast allem und wäscht sich problemlos raus.

Schneiderkreide

Sie ist eins der beliebtesten Tools, um Schnitte auf Stoffe zu zeichnen. Sie ist jedoch recht schnell stumpf – dann braucht es im Idealfall den professionellen Schneiderkreidenanspitzer.

Hast du so einen nicht zur Hand, schärft zur Not auch eine weit aufgeklappte Schere deine Schneiderkreide. Dennoch sei eine Bemerkung erlaubt: Oft ist es meiner Erfahrung nach so, dass die Schneiderkreide auf Stoffen, auf denen eine Markierung hilfreich wäre, nicht gut sichtbar ist.

Kreiderädchen

Ein sehr hilfreiches Tool. In einen kleinen Behälter füllst du Kreide ein, das Rädchen an der Spitze zeichnet eine feine Linie.

Markierungsstifte

funktionieren generell gut. Es gibt Stifte, die nach ein paar Tagen von selbst verschwinden, andere müssen herausgewaschen werden.

Bleistift

Ist eines meiner bevorzugten Markierungswerkzeuge für genaue Detailmarkierungen wie z. B. bei Knopflöchern. Superspitz und nur zaghaft eingesetzt gibt es auch nie Probleme damit, dass die Markierung nach dem Nähen noch sichtbar ist. Dafür sehe ich sie aber sehr gut beim Nähen selbst.

Um die Ecke nähen

Irgendwann ist natürlich der Stoff zu Ende, was nun? Schon bei deinen ersten kleinen Projekten, ganz egal ob du einen Beutel oder ein Kissen nähen möchtest, wäre es gut, wenn du geschmeidig um die Ecke kommst. Und so geht's:
⊞ Nähe an der Kante entlang bis zum Eckpunkt, dann halte an. Die Nadel ist unten. (1)

⊞ Du hebst den Nähfuß (2) und drehst den Stoff um 90°. (3)

⊕ Nähfuß wieder absenken (4) und weiter nähen. (5) Gar nicht so schwierig, nicht wahr?

Vernähen

Damit eine Naht auch von Dauer ist, sicherst du sie am Anfang und am Ende. Das machst du, indem du ein paar Stiche nach dem Anfang stoppst und zurücknähst. Das heißt aber nicht, dass du umdrehst. Du betätigst jetzt die Rücknähtaste.
⊕ Taste drücken und gleichzeitig Gas geben. Du nähst zurück zum Ausgangspunkt und legst im Geradstich wieder von vorne los. Damit ist der Anfang der Naht gesichert und sie kann sich nicht auftrennen.

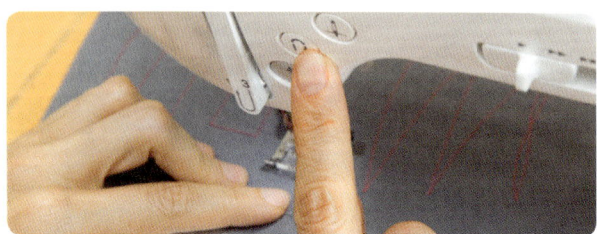

⊕ Am Ende der Naht machst du es genauso: Bis ganz kurz vor dem Ende nähen. Stoppen, ein paar Stiche zurück und nochmals geradeaus.

Abschneiden

Die Naht erfolgreich und zu deiner Zufriedenheit fertig gestellt? Dann warten jetzt noch ein paar Tipps auf dich.
⊕ Achte darauf, dass du die Nadel ganz nach oben stellst, sonst ergibt sich schnell ein Fadengewirr. Dann zieh dein Arbeitsstück ca. 10 cm von der Nadel weg und schneide die Fäden so durch, dass etwa 5 cm bei der Maschine hängen bleiben.

● Den Rest schneidest du knapp beim Nähstück ab. Sonst hast du bald ein wildes Gewirr aus herab hängenden Fäden und das Arbeiten wird anstrengend.

Eine kleine superscharfe Schere
solltest du immer in Griffweite haben. Ich habe meine sogar an der Maschine „angeleint", damit ich sie nicht verlege.

Übrigens: Viele neue Nähmaschinen verfügen über einen sogenannten Abschneider. Einfach den Ober- und Unterfaden einhängen, abzwicken, fertig.

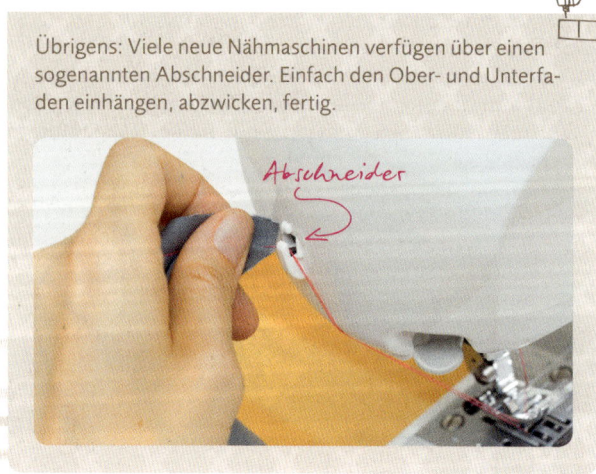

Abschneider

Bügeln

Nähen ohne Bügeln ist wie Fahrradfahren mit nur einem Arm. Es geht, aber es ist ganz schön wacklig. Wenn es beim Nähen wacklig ist, dann wird es ungenau – und das bedeutet meist auch, dass man das am fertigen Nähstück sieht.

Aber du weißt es ja jetzt besser. Das Bügelbrett und das Bügeleisen sind die größten Verbündeten deiner Nähmaschine. Hier ein paar Anregungen:

⬢ Denke daran, jede Naht gleich nach dem Nähen zu bügeln.

⬢ Nahtzugaben bügelst du entweder auseinander oder, z. B. bei dünnem Stoff, zu einer Seite.

⬢ Bei komplexen Nähaufgaben bügelst du nach jedem Zwischenschritt.

⬢ Ganz zum Schluss, wenn alles fertig ist, bügelst du alles nochmals.

Achte dabei immer auch auf die jeweilige Beschaffenheit deines Stoffes und welche Einstellungen du am Bügeleisen dafür benötigst. Bei empfindlichen Stoffen ist es ratsam, zum Schutz ein Bügeltuch zu verwenden.

EXKURS: Vorbereitung des Stoffs

Vorbereitung: Waschen & Auflegen

Für deine ersten Nähprojekte lege ich dir Stoffe aus Baumwolle bzw. Stoffe mit hohem Baumwollanteil ans Herz. Baumwolle rutscht nicht, verzieht sich nicht, ist also wie ein Oversize-Racket beim Tennisspielen: Sie verzeiht Fehler!

Aber: Baumwolle läuft – oder geht – ein. Deshalb wäschst du den Stoff, bevor es an die Verarbeitung geht. Faustregel beim Waschen des Stoffs: immer bei der Temperatur, bei der du auch das fertige Stück waschen wirst. Achte beim Trocknen des Stoffs darauf, dass er möglichst faltenfrei hängt – Knitterfalten bekommst du später nur schwer wieder heraus! Lass den Stoff nicht vollständig trocken werden, die letzte Feuchtigkeit bügelst du heraus.

Große Ausnahme: Taschen!
Wenn du aufwendigere Taschen nähst, wirst du sie vielleicht nie waschen. Außerdem kommt dir die „Steifigkeit" bei der Verarbeitung zugute.

Ist der Stoff trocken, legst du ihn wie in der Nähanleitung angegeben aus. Meistens faltest du den Stoff der Länge nach und so, dass die rechte Seite innen ist. Die beiden Webkanten sollten so exakt wie möglich aufeinander liegen und zu dir zeigen. Sollten noch Falten bestehen, streichst du diese mit den Händen heraus. Achte darauf, dass der Stoff fadengerade liegt!

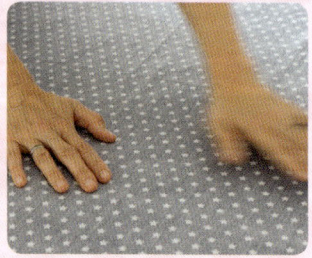

Die Nahtzugabe

Die Nahtzugabe ist der Abstand zum Schnittbogen, mit dem du den Schnitt aus dem Stoff schneidest. Oder umgekehrt formuliert: der Abstand zwischen der Stoffkante und dem Nahtverlauf. Die Schnittteile zeigen dir an, wo später genäht wird. Aber nachdem du ja nicht genau an der Stoffkante nähst, sondern etwas „Fleisch" brauchst, zeichnest du diesen Abstand dazu.

In europäischen Schnittanleitungen wird angegeben, wie viel Nahtzugabe du benötigst. Üblicherweise sind es 1 bis 1,5 cm; bei Säumen, also unten an Röcken, Hosenbeinen oder Ärmeln gerne auch 3 bis 5 cm.

Bei amerikanischen Schnitten sind die Nahtzugaben im Schnittmuster schon enthalten. Hier schneidest du exakt entlang der Papierkante aus. In der Anleitung steht, mit welchem Abstand zur Schnittkante, also mit welcher Nahtzugabe, du später nähen wirst.

Auflegen

Ein großer Tisch ist für das Auflegen und Zuschneiden sehr von Vorteil, zur Not tut es aber auch der Fußboden. Lies dir die Anleitung für dein Projekt genau durch. Oft liegt ein Plan bei, wie du die einzelnen Schnittteile auflegst. Dann legst du sie fadengerade auf. Achte darauf, dass ein bisschen Abstand zwischen den einzelnen Teilen bestehen bleibt. Den brauchst du für die Nahtzugabe.

⊕ Damit die häufig aus Seidenpapier bestehenden Einzelteile dort liegenbleiben, wo du sie haben willst, fixierst du sie: Die bewährteste Methode sind Stecknadeln. Du kannst aber auch einfach Gewichte auflegen. (1) (2)

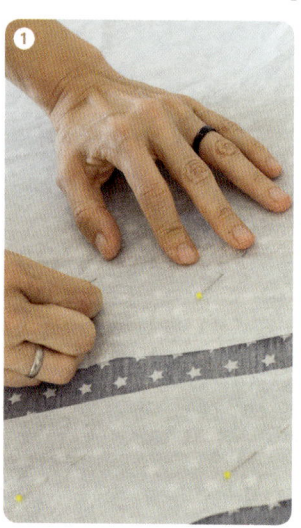

⊕ Dann zeichnest du den Schnitt ganz genau entlang der Kante an. Entlang dieser Linien nähst du nachher. (3)
⊕ Im zweiten Arbeitsschritt zeichnest du die Nahtzugabe rundherum an. (4)

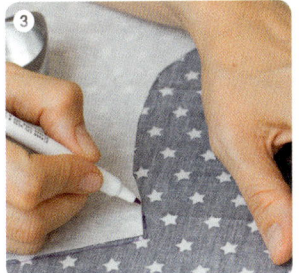 

Manche Schnittteile wollen „im Stoffbruch" aufgelegt werden. Das heißt, du legst sie genau an der Kante an, wo du den Stoff gefaltet hast.

Durchradeln

Wenn du an einem komplexeren Projekt, wie z.B. einem Kleidungsstück arbeitest, hast du die Schnittteile in doppelter Stofflage zugeschnitten, aber nur auf einer Seite den Schnitt nachgezeichnet. Du brauchst aber die Linien auch auf der zweiten Seite. Durchradeln ist die Antwort!

Dazu brauchst du spezielles Kopierpapier aus dem Fachhandel, das eine Art Kreidebeschichtung hat, und ein Kopierrädchen.

⊕ Du legst jedes Schnittteil auf das Kopierpapier und fährst die Schnittlinien mit diesem Rädchen nach. Gerne etwas fester aufdrücken - aber Achtung bei weichen Holztischen.

⊕ Wenn du nun den Stoff umdrehst, siehst du auf der anderen Seite eine punkteartige Linie. Die brauchst du, damit du siehst, wo die Nähte verlaufen. Nicht vergessen, auch Markierungen für Knopflöcher, Ärmel usw. durchzuradeln!

Zuschneiden

Für das Zuschneiden nimmst du deine große Stoffschere zur Hand. Schneide entlang der Nahtzugabe und achte darauf, dass die untere Klinge der Schere immer auf dem Tisch bleibt, das verhindert Ermüdung bei größeren Schnitten und beugt dem Verziehen des Stoffs vor. Mit der linken Hand hältst du sanft den Stoff, mit der rechten führst du die Schere (oder umgekehrt, für den Fall, dass du Linkshänder bist). Je exakter du schneidest, desto leichter tust du dir nachher beim Nähen.

Stecken

Nun hast du auf allen Stoffteilen Linien und Markierungen angezeichnet. Konsultiere die Anleitung, welche Teile zusammengenäht werden sollen. Wenn das klar ist, ran an die Stecknadeln!

Lege die Teile, die du zusammennähen wirst, so vor dich auf den Tisch, wie sie zusammengehören. Nun stichst du mit der Stecknadel genau auf der Nahtlinie in den oberen Teil. Dabei hältst du mit der anderen Hand die beiden Stofflagen fest und stellst sicher, dass die Stecknadel bei der unteren Stofflage exakt auf der Nählinie herauskommt.

Auf diese Weise arbeitest du dich die ganze Naht entlang. Stecknadeln werden idealerweise quer zur Naht gesteckt. Das hat einen großen Vorteil: Wenn du an der Nähmaschine nähst, kannst du die Stecknadel relativ leicht herausziehen, kurz bevor der Nähfuß darüber näht. Nähst du über eine Stecknadel, kann sich die Nadel verbiegen oder sogar brechen.

Außerdem empfehle ich, bei einer Naht zunächst einmal Anfang und Ende zu stecken, dann etwaige Markierungen und am Ende die restlichen Bereiche dazwischen.

Ich arbeite gern mit etwas längeren Stecknadeln. Man könnte sagen, ich bin eine Stecknadelfetischistin. Ich bewahre sie entweder am Stecknadelpolster oder in einem Kartondöschen auf. Bei Metalldosen habe ich Angst, dass die Spitze auf Dauer zerstört wird. Ein Magnetstecknadelschälchen ist übrigens Gold wert, es verhindert das Herunterfallen der Stecknadeln.

Heften

Geheftet wird in der Regel nach dem Stecken und vor dem Nähen – so halten die Einzelteile zusammen. Hilfreich ist das Heften auch, wenn man den Schnitt schon mal anprobieren möchte.

Ich gebe zu, ich bin ein bisschen faul und keine große Freundin des Heftens. Aber natürlich gibt es Momente, die nach dem Heften verlangen:

⊕ Wenn das zu nähende Kleidungsstück eng ist und perfekt sitzen soll,

⊕ Wenn der Stoff, z. B. Seide, sehr fein und rutschig ist,

⊕ Wenn es um kniffflige Stellen eines Projekts geht, z. B: einen Sakkoärmel, an dem die Armkugel perfekt sitzen soll, dann geht am Heften kein Weg vorbei.

Zum Heften nimmst du am besten Heftgarn. Das ist ein etwas dickerer, rauerer Baumwollfaden, der relativ leicht reißt. Nachdem du die Naht gesteckt hast, heftest du leicht neben der vorgesehenen Nahtlinie:
Ohne am Anfang oder Ende zu vernähen, nähst du per Hand mit ganz normalen Stichen auf und ab. Die einzelnen Stiche dürfen ruhig etwas länger sein. Nimm anschließend alle Stecknadeln heraus und bügle sanft über die Heftnaht.

Wenn alles zu deiner Zufriedenheit ist, nähst du die geheftete Naht mit der Maschine. Dabei darfst du durchaus über die Heftfäden nähen. Am Ende die Heftfäden einfach herauszupfen, fertig.

ERSTES PROJEKT

Mein Stecknadelkissen

Das brauchst du:

- 2 Stoff-Rechtecke
  5 x 10 cm oder
  Quadrate 10 x 10 cm,
  nicht zu dünne Baumwolle
- 1 Rolle Garn
- Universalnadel
- eine Handvoll Watte

⊕ Du schneidest zwei Stoff-Rechtecke mit etwa 5 x 10 cm oder zwei Stoff-Quadrate 10 x 10 cm zu. (1) (2)

⊞ Diese legst du mit den rechten Seiten aufeinander, (3) steckst sie mit Stecknadeln ab (4) und nähst sie rundherum mit ca. 1 cm Nahtzugabe zusammen. (5) Nicht ganz zunähen, damit du das Polster nachher umdrehen kannst. (6)

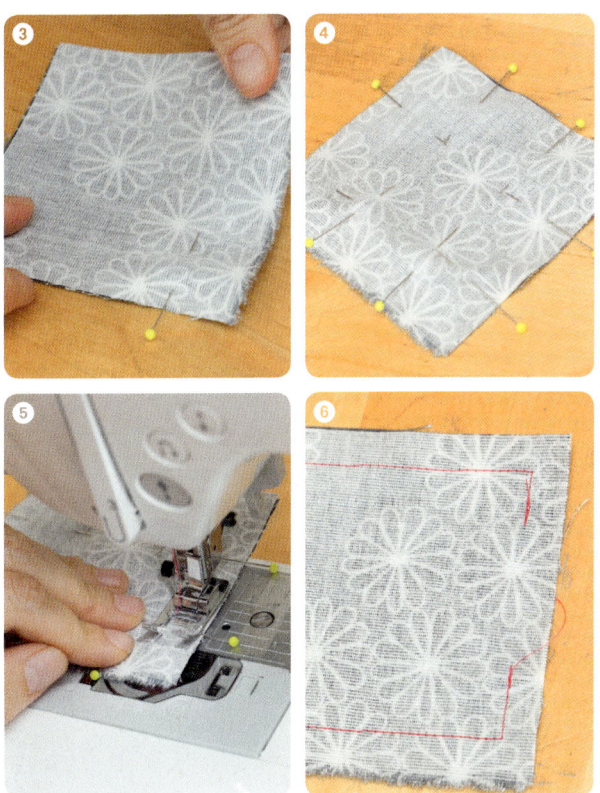

⊕ Achtung, denk immer daran, die Nadeln aus dem Stoff zu ziehen, bevor du mit dem Nähfuß darüber fährst! (7)

⊕ Dann schneidest du die Ecken im 45°-Winkel ab. (8) Als Zwischenschritt bügelst du gründlich.

⊕ Nun wendest du das Nähstück. Die Ecken werden schön, wenn du mit einer nicht zu spitzen Schere vorsichtig nachhilfst. (9) Noch besser werden die Ecken, wenn du sie ordentlich bügelst. (10)

● Schließlich mit Watte ausstopfen und die Wendeöffnung mit ein paar Handstichen zunähen. (11) (12)

Fertig!

Besonders hilfreich ist das Nadelpolster, wenn du einen Gummi einnähst und es an der Maschine anhängst.

▌ Dazu misst du die Strecke um den Nähmaschinenarm ab, (1) nimmst gute 3 cm weg, ziehst die Pölsterchenbreite ab und schneidest mit dieser Länge ein Stück Gummi ab.

▌ Das Stück Gummi steckst du mit Stecknadeln an die kurzen Seiten des Rechtecks (2) und nähst beim Rundumnähen einfach mit. Den Rest wie beschrieben → S. 65 f. verarbeiten. (3)

▌ Das fertige Polster ziehst du über die Nähmaschine bis es unten beim Anschiebetisch sitzt. Du wirst es lieben – nie wieder die Frage, wohin mit den Stecknadeln beim Nähen! (4)

Der Zickzack-Stich

Das ging doch schon ganz gut, nicht wahr? Nachdem du gefühlte 270 Stecknadelpolster genäht hast, schreit alles in dir nach der nächsten Herausforderung: dem Zickzack-Stich. Diesen Grundstich benutzt du vor allem für zwei Dinge:

1) Versäubern

Der Zickzack-Stich ist die erste Wahl, wenn es um das sogenannte „Versäubern" geht. Dir ist sicher schon aufgefallen, dass die meisten Stoffe an den Enden ausfransen können. Das sieht nicht nur unschön aus, bei ganz dünnen oder schütteren Stoffen kann die Naht herausrutschen und deine Arbeit ist dahin. Mit einem Zickzack-Stich sicherst du die Stoffkanten und das Ausfransen hat ein Ende.

Für das Versäubern gilt: je dicker und gröber der Stoff desto größer und breiter stellst du den Zickzack-Stich ein.

Manche Nähanleitungen wollen von dir, dass du sofort nach dem Zuschneiden alles versäuberst. Jeder muss herausfinden, was ihm am liebsten ist. Ich bin dafür, zuerst zu nähen und abschließend zu versäubern.

2) Der Jersey-Alleskönner

Jersey ist dehnbar. Es ist kein Stoff im eigentlichen Sinn, sondern ein Gewirk aus superdünnem Faden. Verständlich, dass auch die Nähte dehnbar sein müssen. Wenn du Jerseystoff verwendest, empfiehlt es sich alle Nähte mit schmal eingestelltem Zickzack und der Jerseynadel zu nähen. (1)

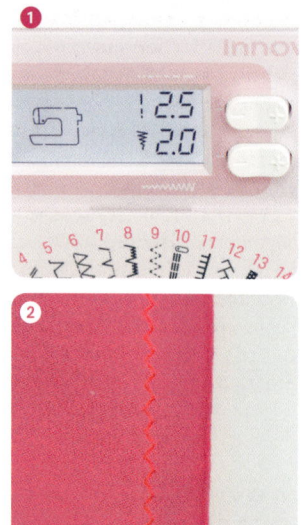

Dadurch bleibt die Naht dehnbar und dein Kleidungsstück heil, wenn du es anziehst – im Jersey wird eine einfache Naht im Geradstich reißen. (2)

Generell sind 2 bis 3 mm Stichbreite und 3 mm Stichlänge
bei Jersey eine gute Grundeinstellung. Probiere auf jeden Fall aus, was für deinen Stoff am besten funktioniert – wann dehnt die Naht sich noch gut, ohne dass der Stich selbst zu breit wird? Hierzu einfach ein kleines Stück des Stoffs zum Testen verwenden – das rate ich dir übrigens bei all deinen Projekten, um sowohl die Stoffe als auch deine Nähmaschine besser kennenzulernen.

Anpressdruck

Wenn sich bei deiner Maschine der Anpressdruck des Näh-
fußes einstellen lässt, kannst du versuchen, ihn etwas zu
verringern. Das schlimmste, was beim Arbeiten mit Jersey
passieren kann ist, dass du die Naht dehnst. Dann ergeben
sich im Stoff Wellen, die sich nicht mehr herausbügeln
lassen.

Merke dir daher: nie zerren oder dehnen. Lass den Stoff
ganz sanft in die Maschine laufen und schieb immer nur soviel nach, dass die Maschine „flüssig" läuft.

Bügeln

Trotz aller Sorgfalt kann es sein, dass der Stoff etwas wellig
ist. Bügle dann sehr vorsichtig und mit viel Feuchtigkeit und
der Stoff und du werden wieder glücklich sein!

Wenn's mal nicht so klappt: schöner trennen

Egal wie lange alles einwandfrei läuft, irgendwann kommst
du an diesen Punkt: Du musst eine verunglückte Naht auftrennen. Das ist nicht schön, aber nur der Anfänger meckert
über das Trennen, der Meister trennt einfach!
Um eine Naht aufzutrennen, gibt es zwei Möglichkeiten:

Faden abreißen

🞊 Du suchst dir oben oder
unten einen Faden der Naht
und reißt ihn ab. Dann wendest du dich der anderen
Seite der Naht zu und ziehst
ein bisschen daran, dann
wird sich am Nahtende ein
Stück Faden lockern. (1)

● Nun wieder daran an-
ziehen und abreißen. Das
Spielchen machst du so
lange bis die Naht aufge-
trennt ist. (2)

Naht aufschneiden
● Mit einer superscharfen
Schere oder dem Nahtauf-
trenner, der bei neuen Maschinen oft zum Zubehör
gehört, beginnst du auf einer Stoffseite, die einzelnen
Stiche aufzuschneiden. (3)

● Oder etwas schneller, aber
gefährlicher – du schneidest
die Naht zwischen den beiden Stofflagen auf. (4)

HILFREICHE TECHNIKEN

Absteppen

Diese Technik ist neben der verbindenden Naht (mit der du schon das Stecknadelkissen genäht hast) einer der wichtigsten Arbeitsschritte beim Nähen. Das Absteppen mit dem Gerad- oder Steppstich kommt zum Einsatz, wenn etwas besonders fest sein oder in Position gehalten werden soll. Ebenso sorgt es dafür, dass Nahtzugaben flach anliegen.

Ab und zu dient das Absteppen auch nur zur Zierde, da die Naht auf der rechten Seite des Nähstücks sichtbar ist. Wer mag, verwendet in diesem Fall z.B. kontrastfarbiges Garn, dickeres Garn oder auch Ziersiche.

Das beste Beispiel zum Thema Absteppen ist eine Jeans. Hier wird so ziemlich jede Naht füßchenbreit oder knapp-kantig abgesteppt. Nimm gerne eine Jeans zur Hand und du wirst sehen, was ich meine.

> *Merke:* Abgesteppt wird immer von der rechten Seite!

Grundsätzliche Tipps

🌸 Für schöne Absteppnähte empfiehlt es sich, die Stichlänge etwas zu vergrößern: 3 bis 3,5 ist ideal.

🌸 Lockere die Oberfadenspannung etwas. Damit solltest du ein schönes Ergebnis erzielen. Ratsam ist es dennoch, die Einstellungen an einer Stoffprobe zu testen.

🌸 Probiere für das Absteppen gerne Ziersiche aus. Da diese von Maschine zu Maschine ziemlich variieren, informiere dich dazu in der Gebrauchsanweisung deines Modells. 📕

Knappkantig absteppen

Du brauchst:
- 2 Lagen Stoff
- Nähgarn
- Universal-/Standardfuß
- Universalnadel

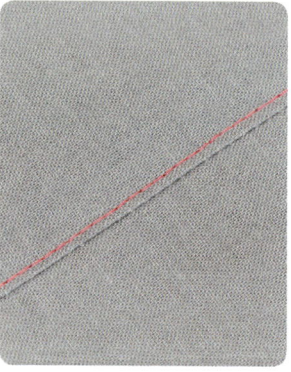

🔴 Nachdem du eine verbindende Naht genäht hast, bügelst du die Nahtzugabe auf eine Seite.

🔴 Nähe nun 2 mm nach links versetzt an der umgebügelten Kante entlang. Es braucht etwas Übung, bis die Naht wirklich parallel zur Kante läuft. Doch die Mühe lohnt sich: Es sieht toll aus, wenn alles passt!

Füßchenbreit absteppen

Du brauchst:

- 2 Lagen Stoff
- Nähgarn
- Universal-/Standardfuß
- Universalnadel

⊕ Du hast nun also eine verbindende Naht genäht. Bügle auch hier die Nahtzugabe auf eine Seite.

⊕ Von der rechten Seite steppst du nun die Nahtzugabe füßchenbreit ab. Du führst den Stoff so zum Nähfuß, dass die Naht genau an der rechten Nähfußkante vorbei läuft.

Bügeln

Jede Naht bügelst du sofort nach dem Nähen flach. Nahtzugaben bügelst du entweder auf eine Seite oder auseinander gebügelt.

Beim Absteppen in jedem Fall vorher die Naht oder die Kante, die abgesteppt werden soll, ordentlich bügeln.

Normalerweise steppst du mit der Nadel ab, mit der du sonst auch arbeitest. Wenn du eine Jeans nähst, willst du die Absteppnähte vielleicht mit Knopflochseide absteppen. Dafür empfehle ich Top-Stitch-Nadeln. Diese haben ein etwas längeres Ör, das Garn lässt sich leicht einfädeln und sie sind dennoch so robust wie dickere Nadeln.

Das gleiche gilt, wenn du mit zwei Oberfäden absteppst Diese werden dabei wie ein einziger Faden als Oberfaden eingefädelt.

Du steckst lediglich die zweite Garnspule auf den zweiten Garnspulenhalter. Die meisten Maschinen haben so etwas.

Wenn nicht, legst du die zweite Garnspule hinter der Maschine in ein großes Kaffeehäferl.

Schöner kann man nicht den Abstand halten:
Bestimmt kennst du die bunten japanischen Papier-Klebestreifen mit den schönen Mustern? Besorge dir eines in einer knalligen Farbe und lege es zur Nähmaschine.

Immer wieder wirst du auf Anweisungen treffen, etwas z. B. „mit 2 cm/mm Abstand abzusteppen". Für dich gar kein Grund zur Panik: Du klebst z. B. mit 2 cm Abstand zur Nadel auf der rechten Seite einen langen Streifen Washi-Tape auf den Anschiebetisch – und schon hast du die perfekte Markierung um z. B. eine Saumnaht wirklich schön und gerade zu nähen.

Säumen

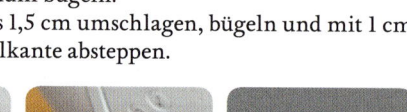

Das brauchst du:

- Garn
- Universalfuß
- Universalnadel

Säume findest du generell am unteren Ende eines Kleidungsstücks: Ärmelsaum, Hosensaum, Rocksaum. Wenn die Nähanleitung nichts anderes vorschreibt, hier eine gängige Anleitung zum Säumen:

🔴 Zuerst die untere Kante etwa 1 cm auf die linke Seite klappen und rundum bügeln.

🔴 Dann nochmals 1,5 cm umschlagen, bügeln und mit 1 cm Abstand zur Bügelkante absteppen.

ZWEITES PROJEKT

Mein erster Rock

Das brauchst du:

- 140 cm breiter, 60 cm langer Stoff
- passendes Nähgarn
- Universalfuß
- Universalnadel
- Gummiband, ca. 2 cm breit, Länge wie Taillenumfang
- Sicherheitsnadeln
- Ziernähte deiner Maschine

➕ Du faltest den Stoff rechts auf rechts (die rechten Stoffseiten zueinander) und nähst ihn an den Webkanten mit 2 cm Nahtzugabe zu einem Schlauch zusammen. (1) Die Nahtzugabe bügelst du auseinander. (2)

➕ Nun entscheidest du dich, welche Kante des Schlauchs unten bei deinen Knien sein soll und welche an deiner Taille.

Vielleicht hat dein Stoff ein Muster, dann wird dir die Entscheidung abgenommen.

🔘 Nun bügelst du an der unteren Seite 1 cm um, (3) danach nochmals 2 cm. Das ist für den Saum. Hier kannst du, wenn du willst, ein paar Reihen mit den Zierstichen deiner Nähmaschine nähen. (4) (5)

🔘 Am oberen Ende des Schlauchs bügelst du ebenfalls 1 cm (6) um, dann 3,5 cm. (7)

🔴 Dann steppst du bei 3 cm von der oberen Kante ab. (8)

🔴 Kurz vor dem Ende lässt du ca. 3 cm offen. (9)

🔴 Wenn du magst, und damit es richtig profimäßig aussieht, kannst du die obere Kante knappkantig absteppen. Auch hier 3 cm offen lassen. (10)

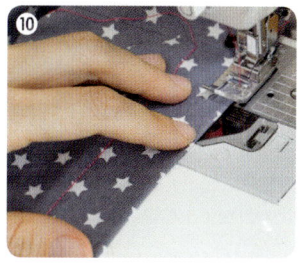

🔴 Dann fädelst du den Gummi ein – eine Sicherheitsnadel an einem Ende ist eine enorme Hilfe. (11)

🔴 Wenn du rundherum bist, nähst du die beiden Gummienden zusammen. (12)

🔴 Dann nähst du mit ein paar Stichen die Einziehöffnung zusammen.

Fertig!

3. Projekt

DRITTES PROJEKT

Die Henkeltasche oder Die coolere Variante des gemeinen Stoffbeutels

Du brauchst:
- Ein Stück Stoff, nicht zu dünn,
  ca. 65 × 40 cm
- Zwei Stoffstreifen ca. 10 cm × 40 cm
- Nähseide deiner Wahl
- Universalfuß
- Universalnadel
- Handmaß/Metermaß

⊕ Du faltest das große Stück so zur Hälfte, dass die rechte Stoffseite innen liegt und du ein Rechteck von 32,5 cm Breite und 40 cm Höhe vor dir liegen hast. (1)
⊕ Nun nähst du mit 1 cm Nahtzugabe eine lange und eine kurze Seite zu, schneidest die untere Ecke im 45°-Winkel (2) ab und versäuberst die Nahtzugabe mit Zickzack-Stich. (3)

⊕ Falte die beiden kleineren Stoffstreifen längs zur Mitte, bügle sie (4) und steppe sie jeweils an den Außenkanten sowie ein- oder zwei Mal in der Mitte ab. (5) Das sind deine Henkel.

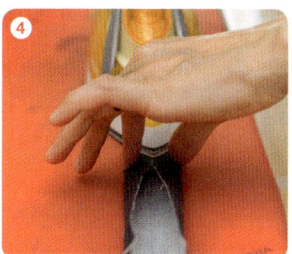

⊕ Zurück zum Beutel: Bügle die obere offene Kante 1 cm nach innen um, (6) dann nochmals 3 cm. (7)

⊕ Stecke die Henkel an dieser oberen Kante fest und zwar so, dass jeweils 10 cm Platz zum Rand der Tasche bleibt. Innen sollen die Henkel auch 3 cm nach unten reichen, dass sie gleich auf mit dem oberen Saum liegen. (8)

⊕ Nun steppst du die obere Kante der Tasche ab - knappkantig innen an der umgebügelten Kante und oben an der Kante. Dabei nähst du die Henkel mit. (9)

⊕ Wer möchte, kann zur besseren Verstärkung bei den Henkeln noch ein Kreuz wie abgebildet nähen. (10)

Beutel ordentlich bügeln, fertig, einkaufen gehen!

EXKURS: Schlaufen – Hilfe!

Huch, was ist das? Gerade lief es doch so gut und plötzlich sieht die Naht ganz anders aus: Schlaufen stehen vorne und hinten oder nur an einer Seite ab – und die Maschine hat seltsame Geräusche gemacht. Was ist falsch gelaufen?

Ganz einfach: Die Naht ist ein sensibles Konstrukt aus Ober- und Unterfaden, die noch dazu im richtigen Spannungsverhältnis stehen müssen. Da braucht es nicht viel, und schon hast du ein unschönes Ergebnis. Jetzt finden wir heraus, wo der Störenfried sitzt!

Das Problem
Die Naht besteht, sieht aber nicht schön aus.

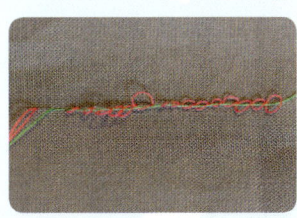

Lösungen
Lockere Oberfaden-spannung
Läuft der Faden durch die Oberfadenspannung? Liegt er zwischen den kleinen Scheiben? Es kann passieren, dass schon beim Einfädeln etwas schief gegangen ist. Unwahrscheinlicher ist, dass der Faden beim Nähen herausgesprungen ist.

Einfach nochmals einfädeln und sicherstellen, dass der Faden zwischen den beiden Scheiben liegt. Je nach Maschinentyp muss der Faden außerdem durch die kleine Feder laufen. Die Fadenspannung, die für die meisten Vorhaben passt, ist zur Orientierung am sogenannten Oberfadenspannungsregler angezeichnet.

Lockere Unterfadenspannung

Ist der Faden genau eingefädelt? Entspricht die Spulenkorbspannung der Faustregel? Um das zu überprüfen, halte den Spulenkorb am Faden fest. Der Spulenkorb darf nur langsam heruntersinken, dann ist die Spannung richtig eingestellt.

Das Problem

Beim Nähen bildet sich keine Naht, sondern ein Gewirr aus größeren und kleineren Schlaufen.

Lösungen

Der Nähfuß

Der erste Blick geht zum Nähfuß – ist er unten? Sollte er oben sein, kannst du bei den meisten Maschinen gar nicht nähen. Aber ich habe schon erlebt, dass der Transporteur so gut arbeitet, dass er den Stoff trotzdem weiterschiebt. Runter mit dem Füßchen und du bist glücklich. Die Maschine auch.

Oberfaden im Fadenheber

Ist der Oberfaden im Fadenheber eingehängt? Eine beliebte Fehlerquelle. Wie auch immer es passiert ist – einfach wieder rein rein damit, oder du fädelst den Oberfaden ganz neu ein und übst dabei gleich noch einmal.

Stumpfe Nadel

Wenn die Nadel kein gu-
tes Loch in den Stoff sticht,
kann es sein, dass der Faden
zurückgehalten wird, wenn
die Nadel sich nach unten
bewegt. Dadurch wird der
Faden gespannt. Wenn der

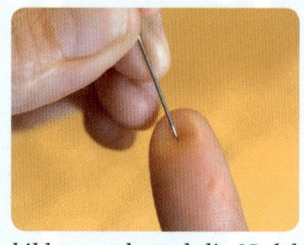

Stich mit dem Unterfaden gebildet wurde und die Nadel
wieder herauf kommt, bleibt durch das überschüssige Fa-
denstück eine Schlaufe stehen oder lässt Stiche aus.

Klingt kompliziert, die Lösung ist einfach: Nadel wechseln bzw. gerade bei sehr dichten Stoffen, wie z.B. Wachs-
tuch oder Anorakstoffen eine dickere Nadel nehmen (größer als 90).

Der Spulenkorb

Überprüfe zur Sicher-
heit: Sitzt der Spulenkorb
überhaupt richtig? Ist er
eingerastet – hat es „Klick"
gemacht?

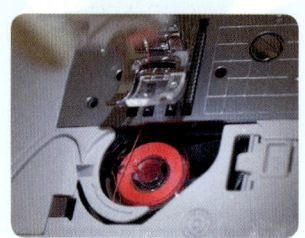

Die Garnqualität

Last, but not least: Manchmal hat es auch gar nichts damit
zu tun, dass an der Maschine etwas nicht stimmt. Billiges
Garn kann auch ein Faktor sein, warum es mit deiner Naht
einfach nicht klappen will.

WAS MAN NOCH SO BRAUCHT

Kräuseln

Das Kräuseln wird auch Einreihen oder Einziehen genannt. Es geht dabei darum, einen Stoff auf einer Seite in der Breite so zu minimieren, dass er an einen anderen, schmaleren Stoff angenäht werden kann. Klingt etwas kompliziert, aber wenn du an klassische Sommerkleider und -röcke denkst, oder an Rüschen bei Kissen, weißt du sofort, was ich meine.

Einstellungen:
- Gerad-/Steppstich
- maximale Stichlänge
- Oberfadenspannung etwas lockerer als normal

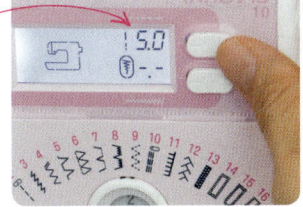

Das brauchst du:

- Stoff
- Garn
- Universalfuß
- Universalnadel

Anleitung
- Du nähst an der Stoff-kante, die eingezogen werden soll, zwei Nähte mit etwa 1 cm Abstand. Am Anfang und Ende nicht vernähen! (1)

⊕ Dann ziehst du gleichzeitig an den beiden Unterfäden und du wirst merken, dass sich der Stoff zusammenzieht. Das machst du nun solange, bis du die Länge erreicht hast, auf die der Stoff eingezogen werden soll. (2)

⊕ Wenn du die beiden Stoffteile zusammennähst, nähst du mit Geradstich zwischen den beiden Einreihnähten. So gehst du sicher, dass die kleinen Fältchen schön im rechten Winkel zur Naht liegen. (3)

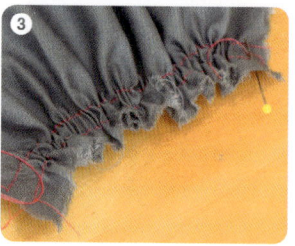

⊕ Danach ziehst du die sichtbare Einreihnaht ganz heraus – fertig!

Damit du nicht den Faden unbeabsichtigt herausziehst, steckst du am anderen Ende eine Stecknadel quer und schlingst die Zugfäden achterförmig um die Nadel (für die SeglerInnen unter uns: wie der Klampenschlag).

Schrägband

Das Schrägband ist ein wahres Zaubermittel. Mit ihm kannst du auf sichtbare und unsichtbare Weise Kanten versäubern, säumen, Farbkontraste einbringen, beanspruchte Kanten verstärken, Schlaufen für Knopfverschlüsse oder zum Aufhängen machen, Henkel für eine Tasche kreieren und vieles mehr.

Grundsätzlich ist das Schrägband, wie schon der Name sagt, ein im schrägen Fadenlauf, also im 45°-Winkel zum geraden Fadenlauf, zugeschnittener Stoffstreifen.

Schrägbänder gibt es in allen Farben aus Baumwolle und Satin fertig zu kaufen, auch in wunderschönen Mustern.

- -

Schrägband herstellen

Du kannst Schrägbänder selbst zuschneiden. Am einfachsten geht es, wenn du ein Quiltlineal hast, parallele Linien auf den Stoff zeichnest und mit dem Rollenschneider zuschneidest. Es geht aber auch ganz einfach mit einem Lineal oder Geodreieck.

Du brauchst:
- Ein Stück Stoff
- Nähgarn
- Universalfuß
- Universalnadel
- Stoffschere
- Quiltlineal/Lineal

⊞ Der Streifen für das Schrägband muss 4 cm breit sein, damit das Schrägband nach der Verarbeitung eine Breite von 1 cm hat. (1)

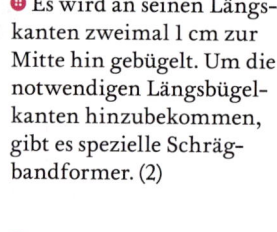

⊞ Es wird an seinen Längskanten zweimal 1 cm zur Mitte hin gebügelt. Um die notwendigen Längsbügelkanten hinzubekommen, gibt es spezielle Schrägbandformer. (2)

⊞ Nachdem ich mich damit einige Jahre gequält habe, bin ich dazu übergegangen, die Schrägbänder per Hand zu bügeln, was erstaunlich leicht und exakt geht. (3)

Wenn du lange Streifen brauchst, heißt es stückeln. Achte darauf, die einzelnen Streifen im 45°-Winkel zusammenzunähen.

Außerdem immer sicherstellen, dass jeweils die rechten Stoffseiten zueinander schauen.

Überstehende Stoffrestchen abschneiden.

Du brauchst:

- Ein Stück Stoff
- Nähgarn
- Universalfuß
- Universalnadel
- Schrägband
- Stoffschere

Variante 1
Für eine ganz einfache Art
eine Stoffkante einzufassen
gehst du folgendermaßen
vor:

🔘 Du steckst das Schräg-
band auf die Kante – das
wichtigste ist dabei, dass du
die Stoffkante tief in das
Schrägband hineinschiebst,
bis zum mittleren Bug. (1)

🔘 Dann gut stecken oder heften und mit der Maschine entlang der Kante absteppen. (2) (3) Ein Trick, um mit der Ma-
schinennaht wirklich die unten liegende Schrägbandhälfte
mit einzufassen ist, diese beim Stecken etwas weiter in das
Stoffteil zu schieben als die außen sichtbare Hälfte.

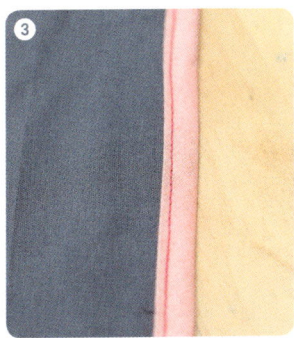

Variante 2

Etwas aufwendiger, aber natürlich schöner ist folgende Methode:

🔘 Du klappst das Schrägband auf und steckst es rechts auf rechts an die Stoffkante. (1)

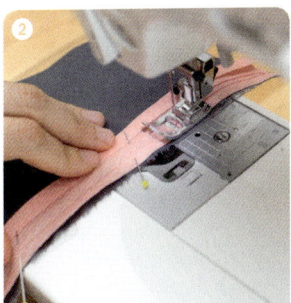

🔘 Dann nähst du mit der Maschine im ersten Faltenbug. (2)

⊕ Anschließend bügelst du das Schrägband über die Kante. (3)

⊕ Bei Bedarf kannst du die Stoffkanten etwas zurückschneiden. (4) Nun das Schrägband auf der linken Seite feststecken und heften. (5)

Jetzt gibt es drei Methoden wie es weiter gehen kann:
⊕ Wenn es ein feines Kleidungsstück aus wertvollem dünnem Stoff ist, dann bietet es sich an, das Schrägband innen von Hand anzunähen. Dann hast du außen eine schön genähte Kantenverarbeitung und siehst keine weiteren Nähte. (6)

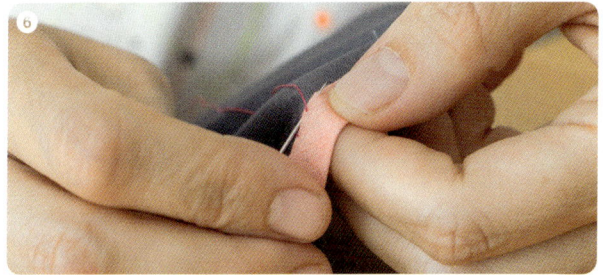

🞜 Vielleicht möchtest du dem Ganzen eine etwas sportliche Note geben? Dann steppst du das Schrägband auf der rechten Seite knappkantig durch. Gerne mit kontrastfarbiger Nähseide oder einem lustigen Zierstich. (7) (8)

⊕ Etwas dazwischen liegt die Variante, bei der du ebenfalls von der rechten Seite durchsteppst, aber exakt in der Nahtrille. (9)

⊕ Wenn du genau genäht hast, sieht man die Naht fast gar nicht und das Ergebnis sieht sehr elegant aus. (10)

Abnäher

Abnäher brauchst du immer wieder – meist, um ein Kleidungsstück anzupassen und enger zu machen. Der Abnäher sieht vor dem Zusammennähen aus wie ein Dreieck oder Tortenstück.

Einer der wichtigsten Abnäher ist der Brustabnäher. Er verläuft von der Busenspitze meistens bis unter die Achseln, wobei der breite Teil des Dreiecks an der Seitennaht sitzt. Oft sind Abnäher in den Schnitten bereits eingezeichnet und leicht auf den Stoff zu übertragen.

⊕ Du legst die beiden Schenkel des Dreiecks aufeinander und faltest den Stoff so, dass er auf die Spitze des Dreiecks hinläuft. Alles gut stecken und kontrollieren, ob die Stecknadeln auch wirklich auf der angezeichneten Linie stecken.

⊕ Den Abnäher, so weit möglich, immer bei der breiten Seite zu nähen beginnen. Nicht vergessen, am Beginn der Naht ordentlich zu vernähen.

⊕ Dann ganz gerade bis zur Spitze vornähen. Wer sich traut, kann nun ganz genau in der Naht ein Stück zurück nähen und dort vernähen. (1)

⊕ Eine andere, genauso gute Variante ist es, einfach ohne Vernähen aufzuhören und den Stoff aus der Maschine zu ziehen. Du verknotest Ober- und Unterfaden ganz nah bei der Abnäherspitze und schneidest die Fäden knapp ab. (2)

Kurven nähen

Auch Kurven werden dir beim Nähen unterkommen. Die ersten werden sicherlich etwas ungenau sein – aber auch hier führt der Weg über die Übung zum Meister. Oft werden dir abgerundete Ecken begegnen, z.B. bei Taschen oder Hemdkragen.

Du brauchst:
- Ein Stück Stoff
- Universalfuß
- Universalnadel
- Stoffschere

⊕ Die wichtigste Helferin ist nun die Schere. (1)

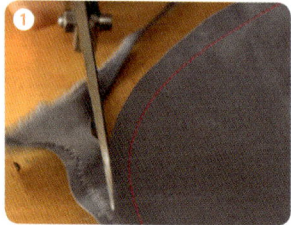

⊕ Damit sich die Naht gut legen kann, musst du die Nahtzugabe im rechten Winkel zur Naht einschneiden – und zwar wirklich oft und wirklich knapp zur Naht! (2)

⊕ Wenn du nun die Tasche oder den Kragen wendest, legt sich die Naht problemlos „in die Kurve" und die Nahtzugabe staut sich innen nicht. (3)

Französische Naht

Du brauchst:

- Ein Stück dünnen Stoff
- Universalfuß
- Universalnadel
- Stoffschere

Die sogenannte Französische Naht, oder Rechts-Links-Naht, wird oft bei ganz feinen oder transparenten Stoffen verwendet. Sie schließt die Nahtzugabe mit ein.

⊞ Lege deinen Stoff links auf links so zusammen, dass die Schnittkanten exakt aufeinander liegen. Nun steppst du mit 1 cm Nahtzugabe an der gefalteten Seite ab. (1)

⊞ Im Anschluss die Nahtzugabe eng an der Naht (etwa 3 mm) abschneiden. Die Nahtzugabe auseinander bügeln.
Als nächstes faltest du den Stoff rechts auf rechts, so dass die Naht exakt in der Kante liegt. Nochmals sorgfältig bügeln. (2)

⊞ Dann füßchenbreit absteppen. Die Nahtzugabe wird auf diese Art mit eingeschlossen. (3)

⊞ Die dadurch entstandene Nahtzugabe auf eine Seite bügeln. (4)

VIERTES PROJEKT

Der Halbkreisrock

Du brauchst:

- *Ein Stück Baumwoll-Stoff, Größe je nach Rocklänge*
- *Ein Stück Jersey*
- *Garn*
- *Universalfuß*
- *Universalnadel*
- *Maßband*
- *Schere*

Für diesen Rock heißt es erst einmal: rechnen. Um die passenden Maße zu finden, benutzt du folgende Formel:
Oberer Halbkreis: Hüftumfang - 2
Unterer Halbkreis: 1/3 Hüftumfang - 2 + Rocklänge in cm + 1 cm Nahtzugabe.

⊕ Wenn du ausgerechnet hast, wie viel Stoff du benötigst und ihn zugeschnitten hast, faltest du den Stoff zur Hälfte und zeichnest den Halbkreisrock an. Dabei hältst du am Zirkelpunkt das Maßband fest und trägst das Maß für Hüftkreis und Rocklänge auf. Nun schneidest du den Rock aus. (1)

⊕ Lege den Rock links auf links und nähe mit 1,5 cm Nahtzugabe die offenen Seitenlängen zusammen. (2)

⊕ Schneide die Nahtzugabe knapp weg (3) und bügle sie auseinander.

⊕ Jetzt legst du den Rock rechts auf rechts zusammen und bügelst die Naht so, (4) dass sie genau in der Kante liegt und steppst die Naht füßchenbreit ab. (5) (6)

🌀 Schließe das Jerseystoff-Rechteck mit schmal eingestelltem Zickzack-Stich zu einem Schlauch (7), die Nahtzugabe bügelst du auseinander. (8)

🌀 Den Schlauch zusammenlegen und bügeln. (9)

🌀 Markiere an Rock und Bund jeweils die Mitte (10) und stecke den Bund an die rechte Stoffseite. (11)

⊕ Stecke die beiden Teile
mit vielen Stecknadeln fest
(12) und nähe mit Zickzack-
Stich den Bund an den Rock
an. (13) (14)

⊕ Dabei den Bund dehnen.

⊕ Den Saum umbügeln und absteppen – fertig ist der Rock!

Fertig!

Reißverschluss einsetzen

Spätestens nach der dritten geraden Naht wirst du mit einem Nähprojekt konfrontiert, das einen Reißverschluss involviert. Viele Nähanfänger geben an diesem Punkt entmutigt auf. Nur nicht einschüchtern lassen. Ein Reißverschluss wird auch nur mit Nähten befestigt, die du schlimmstenfalls wieder auftrennst.

Du brauchst:
- Stoff
- Garn
- Universalfuß
- Reißverschlussfuß
- Universalnadel
- Reißverschluss

Klassischer Reißverschluss

⊕ Gerade beim Rock sitzt der Reißverschluss oft in einer Naht. Du nähst die Naht im normalen Steppstich. Kommst du an die Stelle, an der der Reißverschluss später eingesetzt wird, vernähst du die Naht.

⊕ Anschließend stellst du den Steppstich auf größte Stichlänge ein und nähst diese Strecke zu. (1)

⊞ Nun wird die Nahtzugabe auseinandergebügelt.

⊞ Dann legst du den Zipp mit der rechten Seite (die Seite, auf der der Schieber des Reißverschlusses sitzt) auf die Nahtzugabe und steckst die Stecknadeln so, dass sie quer zum Zipp stecken. (2)

⊞ Du steckst den Reißverschluss so fest, dass die Zähnchen genau auf der Naht liegen. (3)

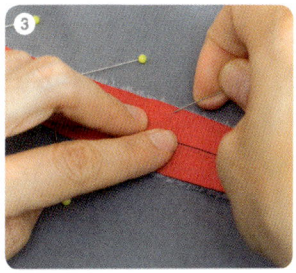

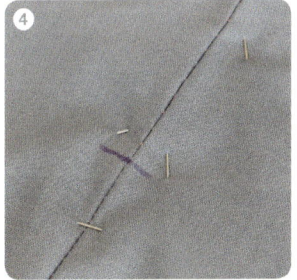

⊞ Markiere auf der rechten Seite (=Außenseite) die Stelle, wo die große Stiche beginnen. (4)

⊕ Nun nähst du auf der rechten Seite mit 7 mm Abstand mit dem Reißverschlussfuß rundherum. (5) (6)

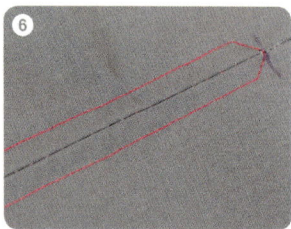

⊕ Wenn du fertig bist, trennst du vorsichtig die großen Stiche in der Naht im Bereich des Reißverschlusses auf. (7)

⊕ Die Nahtzugabe und das Reißverschlussbändchen gemeinsam versäubern. (8)

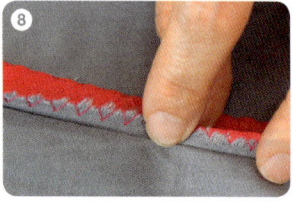

Bügeln.
Fertig.

Freuen!

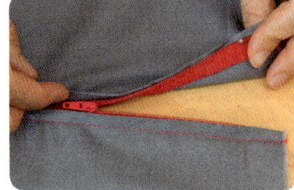

Nahtverdeckter Reißverschluss

⊕ Du nähst den Reißverschluss nur an die Nahtzugabe. Wichtig ist, dass du die Nadel wenn möglich noch etwas nach rechts verschiebst (1) und genau in der Kuhle zwischen Zähnchen und Stoffband nähst. (2)

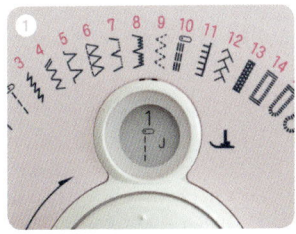 

⊕ Üblicherweise wird der Nahtzipp nur an den Seiten festgenäht und hängt ein paar Zentimeter lose innen im Kleidungsstück herunter. (3)

⊕ Beachte daher, dass du den Reißverschluss etwa 1 bis 2 cm näher an der Nahtzugabe annähst als eigentlich die Öffnung in der Naht lang ist. Dort gut vernähen. (4) (5) (6)

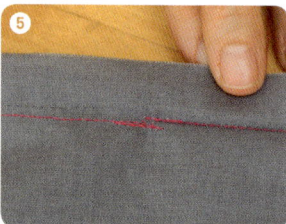

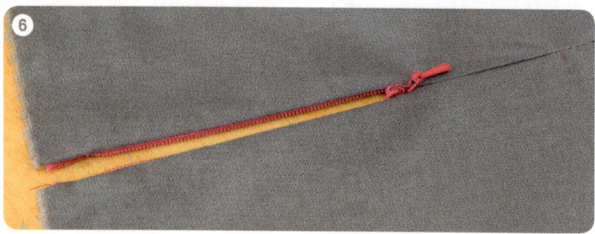

Es gibt für manche Maschinen spezielle Nähfüße für den Nahtzipp, der heute in fast allen Kleidern und Röcken Einsatz findet. Aber du kannst ihn auch mit einem normalen Reißverschlussfuß annähen.

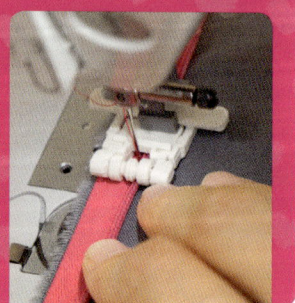

4. Projekt

VIERTES PROJEKT

Das Reißverschluss-Täschchen

Das brauchst du:

- *Außenstoff,*
  2 Rechtecke zu je 10 x 15 cm
- *Innenstoff wie Außenstoff*
- *Reißverschluss: ca. 12 cm lang*
- *Garn*
- *Universalfuß*
- *Reißverschlussfuß*
- *Universalnadel*

Innenstoff

Außenstoff

Anleitung

🔘 Zuerst nähst du den Reißverschluss an eine Längskante des Außenstoffs, dann den zweiten Außenstoffteil an die andere Seite des Reißverschlusses. (1) (2) (3)

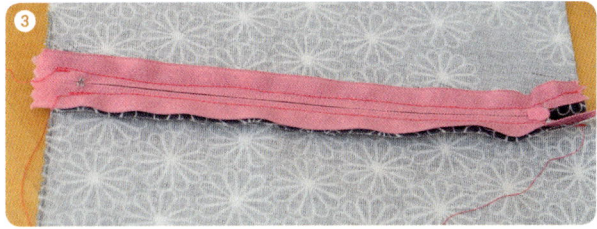

🔘 Nun legst du einen Innenstoffteil so auf den Außenstoffteil, dass der Reißverschluss wie in einem Sandwich liegt – achte drauf, dass die Stoffteile genau übereinander liegen. (4)

⊕ Jetzt nähst du in der gerade genähten Naht noch einmal durch und befestigst dadurch den Innenstoffteil. Dann wiederholst du alles mit der zweiten Seite und dem zweiten Innenteil. (5)

⊕ Bügle alles gründlich vom Reißverschluss weg. (6) (7)

⊕ Nun steppst du den Außenstoff noch einmal knapp ab. (8)

⊕ Klappe die Außenstoffteile aufeinander und die Futterteile aufeinander. Die Zähnchen des Reißverschlusses sollen dabei in Richtung Futter schauen.

⊕ Nun nähst du mit ca. 1 cm Nahtzugabe rundherum jeweils die Außenteile und die Futterteile zusammen. Dabei lässt du bei den Futterteilen etwa 4 cm offen zum Wenden. Wenn du beim Reißverschluss vorbeikommst, achte darauf, dass du außerhalb der kleinen Metallklammern, die am Reißverschluss oben und unten angebracht sind, vorbei nähst. (9)

⊕ Nun noch die Ecken im 45°-Winkel abnähen, wenden, die Ecken mit Hilfe einer kleinen Schere etwas herausholen, alles bügeln und dann die Öffnung zunähen. (10) (11) (12)

Knopfloch nähen

Wer beim Nähen erst einmal Blut geleckt hat und nun ambitioniert Projekte angeht, kommt recht schnell zu einem Modell, das nach Knopflöchern verlangt. Die allermeisten Maschinen haben eine Knopflochautomatik, die das Knopfloch ganz selbstständig näht. Auch hier gilt: Für Details bitte deine Maschinenanleitung genau durchlesen. 📖

Das brauchst du:

- Knopflochfuß
- Garn
- Universalnadel

Einstellungen

Die Knopflochstiche sind meist eingeteilt in einen für die linke Raupe, einen für die rechte und einen für das Riegerl.

Ich lockere außerdem gern die Oberfadenspannung ein wenig, dann wird das Knopfloch etwas plastischer.

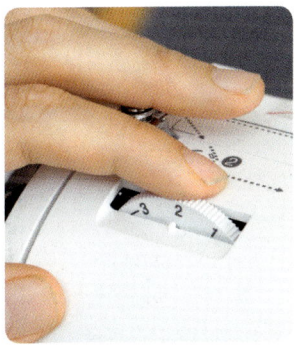

Anzeichnen

Normalerweise sagt der Schnitt dir, wo das Knopfloch sitzen soll. Wichtig ist vor allem, dass du Anfang und Ende des Knopflochs kennzeichnest.

Ein guter Wert ist, wenn das Knopfloch 2-3 mm größer als der Knopf ist. Manchmal, bei dickeren Knöpfen, tun 5 mm dem Knopfloch durchaus gut.

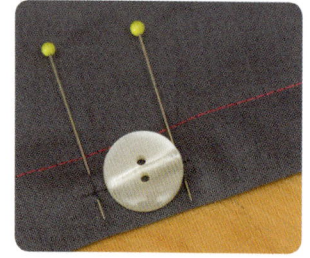

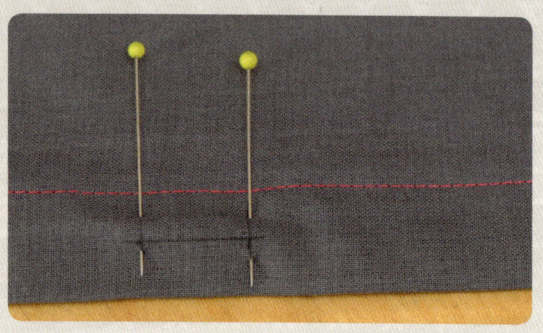

Spätestens in dem Moment, in dem du den Knopflochfuß auf das angezeichnete Knopfloch setzt, siehst du die Markierung nicht mehr gut. Deshalb markiere ich mir gern mit einer Stecknadel Anfang und Ende des Knopflochs.

Anleitung

Beschreibungen für das Nähen von Knopflöchern gibt es viele. In meiner Erfahrung hat sich folgende Vorgehensweise als sehr praktikabel erwiesen:

⊕ Sagen wir, das Knopfloch soll 2,5 cm lang sein. Knopflochfuß in die Maschine einsetzen und so verschieben, dass die Maschinennadel an der Knopfloch-Längenmarkierung sitzt – eben bei 2,5 cm.

⊕ Nun das Füßchen so auf die Stecknadeln setzen, dass die vorderste Markierung (also die zu mir schauende) des Füßchens genau auf die vordere Stecknadel im Stoff trifft. (1)

⊕ Dann nähe ich die linke Raupe, also mit dem Stich, bei dem die Nadel in meine Richtung näht. (2) (3)

⊞ Anschließend nähe ich ein Riegerl. (4)

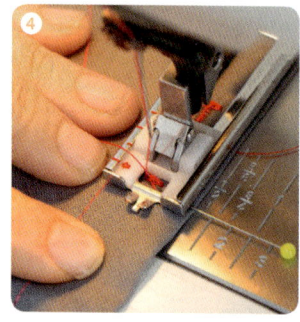

⊞ Dann geht es zurück mit dem Stich, bei dem die Nadel von mir weg näht. (5)

⊞ Am Ende das zweite Riegerl. (6)

⊞ Meine Maschine verfügt über einen sehr praktischen Vernähstich, also ein paar Stiche an der Seite des Riegerls auf der Stelle. Wenn deine Maschine diese Funktion nicht hat, dann nähe einfach ein paar Stiche mit Stichbreite 0, also wie beim Geradestich, einfach an die Stelle des Riegels.

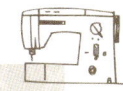

Bei Jerseystoffen kann sich das Knopfloch leicht verziehen. Damit alles gerade bleibt: Einfach einen Streifen Tesafilm auf den Stoff über die Stelle kleben, wo das Knopfloch platziert wird. Funktioniert auch sehr gut bei dünnen Stoffen.

Aufschneiden

Wenn du nun alle Knopflöcher genäht hast und du mit allen zufrieden bist, dann schneidest du sie vorsichtig auf. Ich verwende gar nicht so gern den Nahttrenner dafür, sondern viel lieber eine Schere mit superscharfer Spitze und „zwicke" das Knopfloch vielmehr auf. Dafür falte ich es zur Hälfte, setze mal einen kleinen Schnitt und dann zwicke ich zu jeder Ecke hin.

Mit dem Nahttrenner geht es natürlich auch: An einem Ende des Knopflochs ansetzen und zur Knopflochmitte hin aufschneiden.

Ein Knopfloch zu nähen ist ein bisschen wie Zen-Mediation. Damit das nicht in Stress ausartet, nähe ich das erste Knopfloch niemals an eine gut sichtbare Stelle (wie etwa an Hals oder Dekolleté), sondern fange immer mit einem an, das man kaum sieht.

Nähmaschinen-Pflege

Deine Nähmaschine ist ein Wunderwerk an Mechanik. Unzählige Rädchen und Zähnchen und Stangen müssen perfekt zusammenspielen, damit du eine schöne Naht bekommst. Grund genug, sich ab und zu bei deiner Maschine zu bedanken.

Pinsel und Staubsauger

sind wunderbare Hilfsmittel, um deine Maschine von all den Staubfusseln zu befreien, die sich beim Spulenkorb und bei der Nadelstange ansammeln. Vor allem bei Spulenkörben, die unter dem Anschiebetisch zugänglich sind, ist es unabdingbar, dort von Zeit zu Zeit sauber zu machen.

Ölen

Heutzutage werden die Maschinen als angeblich wartungsfrei verkauft. Nun ja – ich hingegen warte meine Nähmaschine lieber hin und wieder und habe dann das Gefühl, meinem Maschinchen auch mal was Gutes getan zu haben.

▮ Nachdem ich sie von Fusseln und Fädchen befreit habe, gebe ich ein kleines Tröpfchen Öl auf die Nadelstange und drehe dabei gut mit dem Handrad hin und her.

▮ Dann nehme ich den Spulenkorb heraus und drehe wieder am Handrad. So sehe ich, welche Teile sich bewegen.

▮ Dort kommt je ein Tröpfchen Öl hin. Auch im Spulenkorb gebe ich ein Tröpfchen Öl auf die Fläche, wo die Spule aufliegt.

▮ Danach nähe ich einige Nähte auf einem Probestück, damit kein überschüssiges Öl auf mein nächstes Nähprojekt kommt.

▮ Wer eine ältere Maschine hat, sieht vielleicht sogar noch kleine rot markierte Öffnungen. Dort möchte die Maschine ab und an etwas Öl.

▮ Ansonsten kann auch ein Blick in die Maschinenanleitung Auskunft übers Ölen geben.
Selbst wenn dort nichts zum Thema Öl steht, an den angegebenen Stellen kann es auf keinen Fall schaden.

Wenn du mit dem Nähen fertig bist:
Zum Schutz der Nadeleinheit ein Stück Stoff unter den Nähfuß schieben und diesen nach unten stellen. Deine Nähmaschine freut sich außerdem, wenn du sie nach jeder Benutzung abdeckst, damit sie nicht einstaubt.